Imprimé en Belgique
sur les presses de la Société Anonyme
IMPRIMERIE JACQUES GODENNE
Paul GODENNE, imprimeur
17-19, rue de Bruxelles, NAMUR
1925

Cours Elémentaire (2e année) et Cours Moyen (1re année) (Préparation au Certificat d'études)

LIVRE-ATLAS élémentaire de Géographie

PAR

CH. PETIT
INSPECTEUR DE L'ENSEIGNEMENT PRIMAIRE
A MELUN

RIS
INSPECTEUR DE L'ENSEIGNEMENT PRIMAIRE
A STRASBOURG

Nombreuses Gravures — Cartes en couleurs

LIBRAIRIE DELALAIN
115, Boulevard Saint-Germain
PARIS

OUVRAGES DU MEME AUTEUR

La lecture rapide. Syllabaire illustré

Ce livre est à la fois un syllabaire illustré et une petite encyclopédie des commençants. Enseignement rapide de la lecture — nombreuses vignettes amenant l'enfant à prononcer le mot normal puis l'élément à étudier tout en considérant très attentivement le forme de la lettre elle-même.

Pour lire couramment

Premier livre de lecture courante, révision du syllabaire — histoires amusantes — bons mots — nombreuses gravures dans le texte.

La grammaire amusante

Nouvelle nomenclature grammaticale. Rien de plus intéressant que ces premières leçons d'initiation lorsqu'elles sont bien conduites. En doutez-vous? alors essayez.

Leçons préparatoires de géopraphie

Cours préparatoire et cours élémentaire. Méthode vivante basée sur une illustration abondante. La gravure en couleurs est le point de départ et la partie essentielle de la leçon. Exercice d'observation.

Le tableau parlant de l'emploi du temps

Grâce à un système de hachures très simple, l'auteur a pu indiquer avec précision le travail du maitre, des moniteurs et des élèves seuls dans toutes les divisions. C'est la photographie d'une classe en activité.

Petite histoire illustrée de la guerre de 1914

Ce livre convient aux personnes qui veulent se faire une idée de la lutte mondiale sans s'astreindre à des recherches pénibles. Par l'abondance des gravures et le choix des récits, il se recommande à l'attention des écoles et des familles comme livre de lecture et comme livre de prix.

Le carnet guide de la préparation de la classe

Les principales règles que l'on doit observer quand on prépare sa classe. Application à la mise en œuvre d'une importante leçon de morale.

COURS ÉLÉMENTAIRE (2me ANNÉE) ET COURS MOYEN (1re ANNÉE)

(PRÉPARATION AU CERTIFICAT D'ÉTUDES)

LIVRE-ATLAS ÉLÉMENTAIRE DE GÉOGRAPHIE

PAR

CH. PETIT
INSPECTEUR DE L'ENSEIGNEMENT PRIMAIRE
à MELUN

RIS
INSPECTEUR DE L'ENSEIGNEMENT PRIMAIRE
à STRASBOURG

PRÉFACE

Le présent ouvrage fait suite aux *Leçons préparatoires de Géographie*. Il est spécialement destiné aux élèves du Cours élémentaire (2e année) et du Cours moyen (1re année). Mais, grâce au soin avec lequel les Cartes ont été établies, des élèves plus avancés pourront encore s'en servir utilement : tout en restant très claires, ces cartes sont, en effet, assez détaillées pour que chaque enfant puisse avancer plus ou moins ses connaissances. Dans les écoles à un seul maître notamment, où l'on ne peut changer de livre à tout instant, celui-ci servira amplement pour la préparation au Certificat d'études.

Le texte est très sobre de détails ; mais nous avons fait en sorte que les enfants n'aient pas à changer péniblement les cadres de leurs connaissances en passant dans une classe supérieure : lors de l'étude des régions de la France par exemple, les grandes divisions du sol, commandées par l'étude géologique des lieux, sont indiquées dans leurs linéaments essentiels. Après avoir parcouru ce petit livre, les élèves pourront parfaire les notions qu'ils ont étudiées : ils n'auront pas à désapprendre celles qu'ils possèdent déjà. C'est un grave tort, à notre avis, de ne point faire assez de confiance à la prodigieuse mémoire enfantine et de toujours chercher à remplacer les termes techniques par des circonlocutions banales : la clarté n'y gagne rien non plus que la facilité de l'étude.

Dans le même ordre d'idées, nous n'avons pas craint d'anticiper un peu sur l'avenir en enregistrant dès à présent, à propos des moyens de communication, les lignes de transport d'énergie électrique, les lignes de transport par avions et les grandes stations de T. S. F.

En terminant, nous remercions notre éditeur d'avoir bien voulu multiplier cartes et gravures, de façon à rendre la pratique de cet ouvrage facile et agréable. Et nous osons espérer que nos communs efforts seront appréciés des maîtres et des élèves.

PETIT et RIS.

1re PARTIE – NOTIONS GÉNÉRALES

CHAPITRE PREMIER

LA TERRE

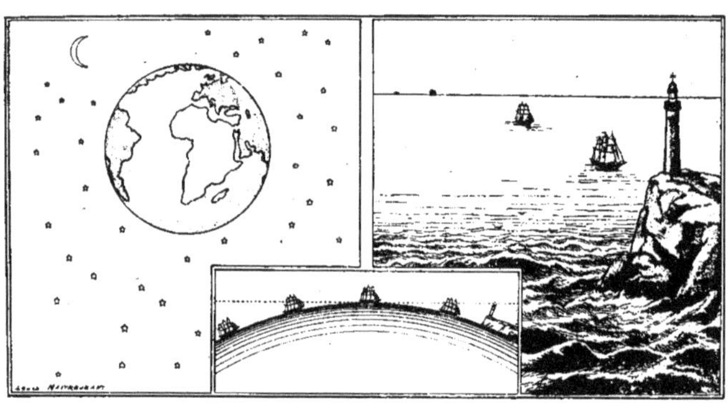

1. — **La Géographie** est la description de la Terre.

On distingue : la *Géographie physique* (montagnes, mers, fleuves, côtes, etc.) ; la *Géographie politique* (Etats, peuples, etc.) ; la *Géographie économique* (agriculture, commerce, industrie).

2. — **La Terre** est une grosse boule qui roule dans l'espace, sans s'appuyer sur rien. Elle mesure 40,000 kilomètres de tour.

La nature réalise assez souvent la forme ronde. Faits d'observation : les gouttelettes d'eau qui tombent du chalumeau, les bulles de savon.

JUPITER
MARS
VÉNUS
LA TERRE
MERCURE

Système solaire. — Le Soleil et les Planètes.

Preuve de la rotondité de la terre : le voyageur qui fait le tour de la terre et revient à son point de départ, le navire qui s'éloigne de la côte. (V. *Leçons préparatoires de Géographie.*).

3. — **La Terre** n'est pas seule dans l'espace. Par une belle nuit, on distingue dans le ciel des milliers d'étoiles de diverses grandeurs. **Le Soleil**

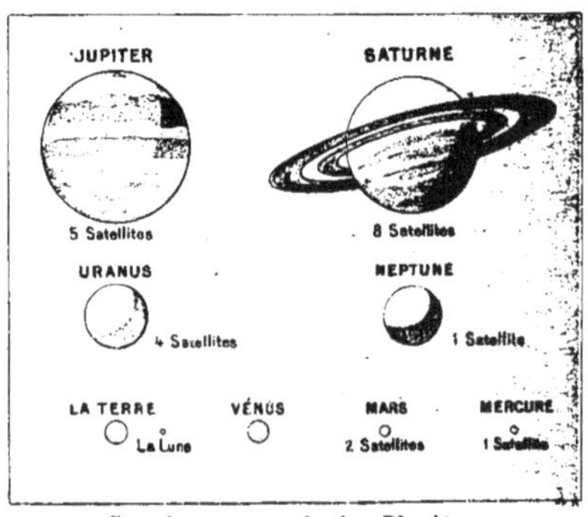

Grandeur comparée des Planètes.

est aussi une étoile, mais plus rapprochée de nous que les autres ; c'est pourquoi elle nous paraît plus grosse. Autour du Soleil tournent huit astres plus petits, obscurs, qui lui empruntent sa lumière et la renvoient comme un miroir. Ce sont les **planètes.** (*La Terre est l'une de ces planètes.*) Autour des planètes tournent des **satellites.** (*La Lune est le satellite de la Terre.*)

Bien que le Soleil soit relativement proche de nous, il n'en est pas moins à une distance de plus de 150 millions de kilomètres. Nous n'avons aucune idée d'une pareille distance. On sait que la lumière parcourt 300,000 km. à la seconde. Eh bien, un rayon lumineux parti du Soleil met plus de 8 minutes à venir jusqu'à nous! Mais ceci n'est rien encore. L'étoile la plus voisine est de 225,000 km. plus éloignée que le Soleil! Il y en a dont la lumière met des années à nous parvenir! (Etoile polaire, 33 ans). Que l'homme se sent petit en face de l'Univers! Pourtant son esprit en a scruté la profondeur. Il est capable de le comprendre et de l'admirer.

RESUME. — *(Il ne nous a pas paru utile de faire un résumé. Le texte en gros caractères en tient lieu.)*

QUESTIONNAIRE. — 1. *Qu'est-ce que la Géographie? Comment la divise-t-on?* 2. *Quelle est la forme de la Terre? Prouvez-le. Combien a-t-elle de tour?* 3. *Quels sont les astres qui donnent de la lumière? Quels sont les astres qui renvoient seulement la lumière du soleil? Quel chemin parcourt la lumière en une seconde? Combien de temps la lumière du soleil met-elle pour venir jusqu'à nous?*

CHAPITRE II

LES MOUVEMENTS DE LA TERRE

1. — La **Terre** a deux mouvements :

1° Elle tourne sur elle-même en un jour de 24 heures;

2° Elle est entraînée autour du soleil et effectue une *révolution* (*tour complet*) en une année de 365 jours environ.

Pour comprendre ces deux mouvements, regarder dans la gravure de droite la toupie (*la terre*) qui tourne autour de la bougie (*le soleil*). La courbe tracée par la terre est une *orbite*.

Les Anciens, s'en tenant aux apparences, croyaient que la terre était immobile et que le soleil tournait autour de la terre. C'est Galilée qui a montré le premier que la terre tournait autour du soleil. Ce fut une véritable révolution en astronomie.

2. — Puisque la terre est ronde, elle a toujours une moitié éclairée par le soleil et l'autre moitié dans l'ombre. Dans la première moitié, c'est le *jour*. Dans la seconde, c'est la *nuit*.

Pendant la nuit, nous voyons souvent la lune briller au firmament. Comme la terre, elle a une moitié éclairée par le soleil. Quand nous apercevons cette moitié tout entière, c'est la pleine lune; quand la moitié dans l'ombre est tournée vers nous, nous ne voyons rien; c'est la nouvelle lune. Entre les deux, de part et d'autre, c'est le premier quartier et le dernier quartier.

Quelquefois la lune s'interpose entre le soleil et nous, on dit qu'il y a éclipse de soleil; quand c'est la terre qui projette son ombre sur la lune, on dit qu'il y a éclipse de lune.

3. — La terre tourne autour d'une ligne imaginaire qu'on appelle l'**axe** (*tige de fer du globe terrestre, voir Cours préparatoire*). Les extrémités de l'axe sont les **pôles.** A égale distance des pôles, le grand cercle appelé **équateur** partage le globe en deux hémisphères : l'hémisphère nord ou *boréal* et l'hémisphère sud ou *austral*.

L'axe de la terre est incliné sur l'orbite terrestre. Il en résulte que c'est tantôt l'hémisphère nord, tantôt l'hémisphère sud qui est le plus directement exposé aux rayons solaires. De là, la succession des saisons. Quand notre hémisphère est le plus exposé, c'est pour nous l'été; quand il est le moins exposé, c'est pour nous l'hiver. De part et d'autre de ces deux positions, c'est le printemps et l'automne. Remarquons que quand c'est l'été pour nous, c'est l'hiver pour les gens de l'autre hémisphère.

C'est aussi cette inclinaison de l'axe qui produit les inégalités des jours et des nuits. (*Faire toutes ces constatations au moyen du globe terrestre.*)

4. — La distribution inégale de la chaleur solaire sur le globe a conduit à diviser celui-ci en zones. Il y a la zone torride ou tropicale, au voisinage de l'équateur; deux zones tempérées à mi-distance entre l'équateur et les pôles, et deux zones glaciales autour des pôles.

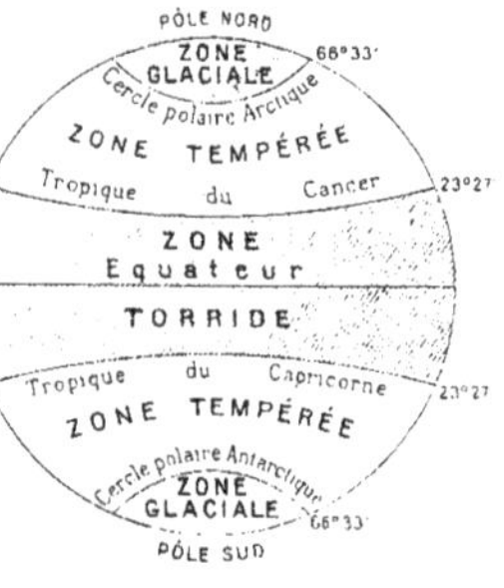

Les cercles et les zones.

C'est à la différence d'obliquité des rayons solaires que sont dues les zones. A l'Equateur, les rayons solaires sont presque perpendiculaires, c'est pourquoi il fait très chaud. A mesure qu'on se rapproche des pôles, les rayons sont de plus en plus obliques, aussi fait-il de plus en plus froid.

QUESTIONNAIRE. — 1. *Quels sont les deux mouvements de la terre? Quelle est leur durée? 2. Comment le soleil produit-il le jour et la nuit? Quand voyons-nous toute la moitié éclairée de la lune? Que faut-il que fasse la lune pour que nous ayons une éclipse de soleil? 3. Qu'est-ce que l'axe de la Terre? Les pôles? Quel est notre hémisphère? Où est-il tourné quand c'est l'été? Quelle saison c'est alors pour les gens de l'autre hémisphère? 4. Pourquoi fait-il plus chaud à l'Equateur qu'aux pôles? Quelles sont les zones?*

CHAPITRE III

ORIENTATION

1. — Il faut savoir reconnaître sur notre horizon quatre points très importants que l'on appelle pour cela **points cardinaux.**

Ce sont : le Nord, le Sud, l'Est et l'Ouest.

L'Etoile ci-contre qui figure les quatre points cardinaux s'appelle une *rose des vents.*

On y représente aussi les quatre directions intermédiaires qu'on appelle les quatre *points collatéraux :* le Nord-Est, le Nord-Ouest, le Sud-Est et le Sud-Ouest. (Voir *Géographie préparatoire.*)

Rose des vents.

2. — **Comment on s'oriente.** — Le jour, on s'oriente au moyen du soleil; la nuit, au moyen de l'Etoile polaire; en tout temps, au moyen de la boussole.

1° Allons sur une petite hauteur au soleil levant. Si nous étendons le bras du côté où le soleil se lève, nous aurons de ce côté l'**Est**, *Levant* ou *Orient;* en face de nous, le **Nord** ou *Septentrion;* à notre gauche, l'**Ouest**, *Couchant* ou *Occident*, et derrière nous, le **Sud** ou *Midi;*

2° Par une belle nuit, il est facile de trouver l'**Etoile polaire** si l'on a bien dans l'œil la gravure cidessous. Cette étoile nous indique la situation du Nord. Si l'on revient à la même place quelques heures après, on constate avec étonnement que l'Etoile polaire n'a pas bougé mais que les autres étoiles ont tourné autour d'elle;

3° Pour se servir de la boussole, il faut la poser bien à plat et rendre l'aiguille aimantée mobile. La pointe bleue de l'aiguille se dirige toujours vers le Nord. Eviter l'approche des objets métalliques qui affolent l'aiguille. (Faire l'expérience.)

Les quatre points cardinaux. La boussole. L'étoile polaire.
Manière de s'orienter.

3. — Pour déterminer la position d'un lieu sur le globe, on indique sa longitude et sa latitude. La longitude d'un lieu est la distance de ce lieu au méridien zéro. La latitude d'un lieu est la distance de ce lieu à l'équateur (parallèle zéro).

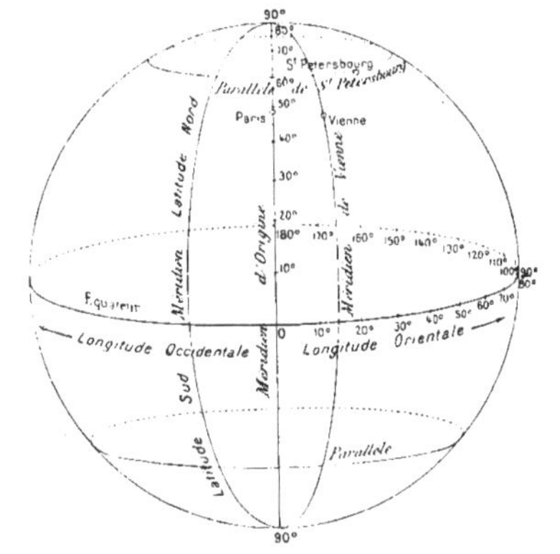

Longitude et latitude.

Quand on regarde attentivement un globe terrestre, on le voit couvert d'un réseau de circonférences qui se coupent à angle droit. Les unes vont de haut en bas; elles passent par les pôles (*elles sont toutes égales*). Les autres sont parallèles à l'équateur (*elles diminuent en se rapprochant des pôles*). Les premières s'appellent des méridiens, les secondes des parallèles. *Coupons une pomme en deux comme on le fait d'ordinaire. Rapprochons les deux moitiés : La lame du couteau a laissé un trait qui figure un méridien. Coupons une autre pomme en travers : Ces deux moitiés rapprochées donneront un trait qui figure l'Equateur. D'autres traits figureront les parallèles.*

Comme on partage la circonférence en 360°, il y a 360 méridiens, 180 à l'Est et 180 à l'Ouest. On est convenu de prendre pour méridien d'origine (*pour méridien 0*) celui de Greenwich, en Angleterre.

Cherchez combien il y a de parallèles Nord. (V. *la Carte.*)

QUESTIONNAIRE. — 1. *Quels sont les quatre points cardinaux? Collatéraux?* 2. *Comment s'oriente-t-on le jour? La Nuit? En tout temps? Décrivez la boussole? Dessinez la Grande-Ourse et la Petite-Ourse?* 3. *Que faut-il connaître pour déterminer la position d'un lieu? Qu'est-ce que la longitude d'un lieu? La latitude? Combien y a-t-il de degrés de longitude Ouest? Combien de latitude Nord?*

CHAPITRE IV

LES PLANS. — LES CARTES

1. — Nous allons faire au tableau noir le **plan** de la salle de classe, à l'*échelle* de 1 dm. par mètre. Ce n'est pas difficile si on se rappelle ce qui a été dit de l'*échelle* précédemment. (V. *Cours préparatoire.*)

Le plan fait il faut l'orienter.

Un élève, placé au milieu de la classe indiquera de la main droite le côté où le soleil se lève, puis désignera les autres points cardinaux. Ceci fait, on tracera à la craie sur le plancher une *rose des vents*. Toutes ces opérations étant devenues familières aux enfants, il sera facile de reporter cette *rose des vents* sur le plan de la classe.

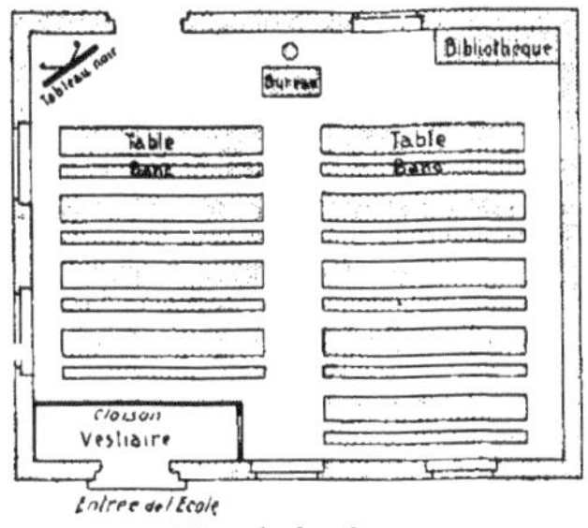

Plan de la classe.

2. — Il n'est pas plus difficile de faire le plan du bâtiment scolaire, du village, de la commune, du canton.

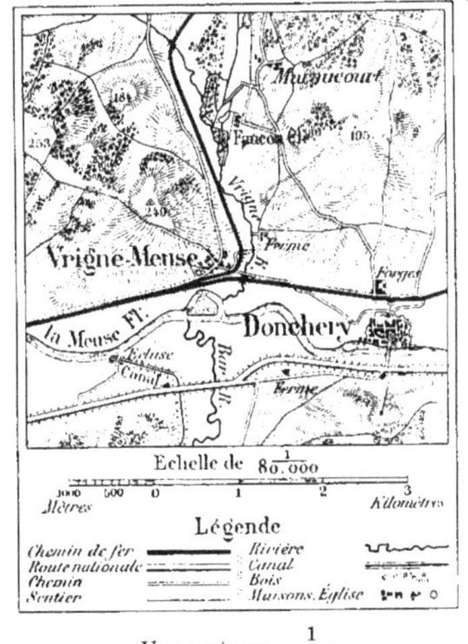

Une carte au $\frac{1}{80.000}$

Tous ces plans sont dans toutes les écoles. Mais au lieu de les présenter tout faits aux enfants, il sera bon d'associer ces derniers à leur confection.

Certaines boîtes de jouets renferment des bergeries, des villages entiers. On en profitera pour donner une idée du plan en relief. Les enfants seront tout naturellement conduits à exécuter des plans en relief dans la cour, soit avec du sable, soit avec de la terre glaise).

3. — Une **carte** n'est pas autre chose que le plan d'une certaine étendue de terrain. Pour **lire** une carte, il faut savoir se servir de l'*échelle* et de la *légende.*

Si la topographie des lieux le permet, on conduira les élèves en haut d'une tour, d'une montagne et on leur fera observer que toutes les choses paraissent écrasées, aplaties — *comme sur les cartes.*

Montrer, si possible, une photographie prise en avion : ce sera encore beaucoup plus sensible. Il faudra ensuite présenter aux enfants des cartes à échelle de plus en plus réduite, de façon à arriver à la carte de l'Etat-Major.

Utiliser la légende, mais modérément, en ne faisant trouver que les choses les plus faciles.

Calculer à l'aide de l'échelle la distance entre deux villages.

4. — On pourra placer ici l'étude de la géographie locale. En tout cas, il importera de donner une idée concrète de la commune, du canton, de l'arrondissement, du département.

Une **commune** est une portion de territoire administrée par un maire assisté d'un conseil municipal. Citer des communes du voisinage. Différence entre les termes: **village, hameau** (*agglomérations de maisons*) et **commune** (*portion de territoire*).

Le **canton** est une portion de territoire plus étendue qui comprend plusieurs communes.

L'arrondissement comprend plusieurs cantons; il est administré par un sous-préfet.

Le **département** groupe plusieurs arrondissements; il est administré par un préfet.

QUESTIONNAIRE. — 1. *Comment appelle-t-on la représentation de la classe faite au tableau noir? Qu'est-ce que « orienter » un plan?* 2. *Comment appelle-t-on le plan lorsque les objets ont leur épaisseur, leur relief?* 3. *Qu'est-ce qu'une carte? De quoi faut-il se servir pour trouver les distances sur une carte? Que faut-il consulter pour savoir ce que veulent dire les signes qui sont sur la carte? Qu'est-ce que lire une carte?* 4. *De quelle commune êtes-vous? De quel canton? Combien y a-t-il de communes dans votre canton? De quel arrondissement? Combien y a-t-il de cantons dans votre arrondissement? De quel département? Combien y a-t-il d'arrondissements dans votre département? Quels fonctionnaires trouve-t-on au chef-lieu de la commune? Du canton? De l'arrondissement? Du département?*

CHAPITRE V

REVISION DES TERMES GEOGRAPHIQUES

(V. *Leçons préparatoires de Géographie.*)

I. — TERMES RELATIFS AUX TERRES.

Une **plaine** est une vaste étendue de terrain plat. *Ex. : la plaine d'Alsace.*

Les vastes plaines stériles sont des *déserts* (Sahara). S'il n'y pousse que des hautes herbes sèches, on les appelle *Steppes* ou *Savanes* (Steppes de la Russie; Savanes de l'Amérique du Sud).

Un **plateau** est une plaine élevée. *Ex. : le plateau de Brie.*

Une petite élévation de terre est une *colline.* Une petite colline est un *coteau.*

Une grande élévation de terre est une **montagne.** *Ex. : le Mont-Blanc.* Une chaîne de montagnes est une suite de montagnes reliées les unes aux autres. *Ex. : les Pyrénées.*

Un **col** ou **défilé** est un passage étroit entre deux montagnes. *Ex. : le col du Mont-Cenis.*

Le **versant** d'une chaîne de montagnes est l'ensemble des pentes qui versent leurs eaux du même côté. *Ex. : le versant suisse des Alpes.*

Le point le plus élevé d'une montagne s'appelle encore **sommet** ou **cîme.**

Si le sommet est arrondi, c'est un *dôme* ou un *ballon;* s'il est aigu c'est un *pic* ou une *aiguille* (*Ballon d'Alsace, Pic du Midi*).

Mont-Dor.

L'**altitude** d'un lieu est la hauteur de ce lieu au-dessus du niveau de la mer. *Ex. : altitude du Mont-Blanc : 4,810 mètres.*

Une **vallée** (*val, vallon*) est une dépression de terrain où coule une rivière. *Ex. : la vallée de la Saône.*

Un **volcan** est une montagne qui vomit des roches fondues appelées *laves* par une ouverture appelée *cratère. Ex. : le volcan du Vésuve.*

Les volcans ne sont pas toujours en *éruption.* Dans les moments de repos, ils ne dégagent que des gaz, des vapeurs ou des fumées. Les volcans éteints (*Auvergne*) ne manifestent plus aucune espèce d'activité.

II. — TERMES RELATIFS AUX MERS.

La **mer** est une vaste étendue d'eau salée. *Ex. : la mer Méditerranée.*

Si la mer est très étendue elle porte le nom d'*Océan. Ex. : l'Océan Atlantique.* Les mers ont une profondeur très inégale (Manche : 200 mètres; Océan Pacifique : 10,000 mètres).

Une **île** est une terre entourée d'eau de tous côtés. *Ex. : la Corse.*

Un **archipel** est un groupe d'îles. *Ex. : l'archipel anglo-normand de Jersey.*

Une **presqu'île** (presque une île) est reliée, d'un côté seulement à la terre ferme. *Ex. : la presqu'île de Quibéron.*

La ligne de terre qui borde la mer s'appelle : **côte, rivage** ou **littoral.** *Ex. : le littoral de l'Atlantique.*

Si la côte est plate et basse, c'est une *plage.* Elle présente parfois des collines de sable mouvant (*dunes*). Souvent elle est bordée de rochers à fleur d'eau (*écueils*). Les roches calcaires tombant à pic sur la mer sont des *falaises.*

Falaise d'Etretat.

Un **cap** ou *promontoire* est une partie de terre qui s'avance dans la mer. *Ex. : le cap de la Hague.*

Un **golfe** est une partie de mer qui s'avance dans les terres. *Ex. : le golfe du Lion.*

Un petit golfe est une *baie.* Une petite baie est une *anse.* La *rade* est une anse abritée qui peut recevoir des navires (*rade de Brest*). Un *port* est une rade artificielle protégée par des murailles (digues ou jetées).

Un **isthme** est une langue de terre qui sépare deux mers. *Ex. : l'isthme de Suez et l'isthme de Panama (tous deux percés maintenant par un canal).*

Un **détroit** est un bras de mer resserré entre des terres et qui fait communiquer deux mers. *Ex. : le détroit de Gibraltar qui relie l'Océan à la mer Méditerranée.*

La surface de la mer n'est presque jamais tranquille. Sous la poussée du vent, il se produit des ondulations appelées *vagues.* La mer présente en outre des mouvements d'avance et de recul (*flux et reflux*) qu'on appelle *marées.* Les plus grandes marées sont celles des équinoxes.

La mer Méditerranée n'a presque pas de marées. Celles de l'Océan sont terribles.

III. — TERMES RELATIFS AUX EAUX DOUCES.

L'eau des pluies s'infiltre dans le sol. Elle en sort par les **sources** qui donnent naissance à des **ruisseaux.** Les ruisseaux se jettent dans les **rivières** et les rivières dans les **fleuves.**

Sur les hautes montagnes, l'eau tombe sous forme de neige. La neige s'accumule dans des dépressions en forme de cirque et donne naissance aux *glaciers.*

Source du Loiret.

Un **fleuve** est un grand cours d'eau qui se rend directement à la mer. *Ex. : l'Yonne est une rivière qui se jette dans la Seine; mais la Seine est un fleuve qui se rend directement dans la Manche.*

La **source** est l'endroit où un cours d'eau commence à couler.

L'**embouchure** est l'endroit où un fleuve se jette dans la mer.

Si la mer s'avance dans la terre en élargissant l'embouchure, celle-ci s'appelle un *estuaire*. Ex. : l'Estuaire de la Seine.

Si au contraire les alluvions du fleuve s'avancent dans la mer, c'est un *delta*. Ex : le delta du Rhône.

Le saut du Doubs.

Un **torrent** est un cours d'eau de montagne rapide et irrégulier. Il est souvent coupé de chutes brusques ou **cascades**.

Un **canal** est un cours d'eau creusé par la main des hommes.

On appelle **affluent** tout cours d'eau qui se jette dans un autre. *Ex. : l'Allier est un affluent de la Loire.*

L'endroit où deux cours d'eau se réunissent est un *confluent*. *Ex. : le confluent de la Saône et du Rhône est à Lyon.*

On appelle **bassin** d'un fleuve tout le pays arrosé par ce fleuve et ses affluents. *Ex. : le bassin de la Loire.*

Un **lac** est une grande étendue d'eau douce. *Ex. : le lac de Genève.*

Un *étang* est un petit lac. Une *mare* est une petite étendue d'eau stagnante. Quand l'eau disparaît sous les herbes et les joncs, c'est un *marais*.

Le **débit** d'un fleuve est la quantité d'eau qu'il laisse couler dans un temps donné (généralement la seconde).

Les variations du débit caractérisent le **régime** du fleuve. *Ex. : le régime de la Seine est à peu près régulier.*

Le niveau des basses eaux en été est l'**étiage**. Dans les **crues** le niveau monte considérablement et les eaux débordent sur les rives.

QUESTIONNAIRE. I. (*Termes relatifs aux terres*). — *Chaque réponse devra comporter un exemple, si possible autre que celui du livre.* — 1. *Qu'appelle-t-on plaine, désert, steppe, savane?* 2. *Quelle différence y a-t-il entre une plaine et un plateau?* 3. *Qu'est-ce qu'une montagne, une colline, un coteau?* 4. *Qu'est-ce qu'une chaîne de montagnes?* 5. *Qu'appelle-t-on col ou défilé, versant, sommet ou cime?* 6. *Dôme, pic, vallée, val, vallon?* 7. *Qu'est-ce que l'altitude d'un lieu?* 8. *Qu'est-ce qu'un volcan? Est-il toujours en éruption?*

II. (*Termes relatifs aux mers*). — 1. *Qu'appelle-t-on mer, océan?* 2. *Qu'est-ce qu'une île, une presqu'île, un archipel?* 3. *Qu'appelle-t-on côte, rivage ou littoral?* 4. *Plage, dunes, falaises, écueils?* 5. *Cap ou promontoire, golfe, baie, anse, rade, port?* 6. *Qu'est-ce qu'un isthme, un détroit?* 7. *Quels sont les mouvements de la mer? Y a-t-il, à cet égard, une différence entre l'Océan et la Méditerranée?*

III. (*Termes relatifs aux eaux douces*). — 1. *Que devient l'eau des pluies?* 2. *Qu'est-ce qu'une source, un fleuve, une rivière, un glacier?* 3. *Une embouchure, un estuaire, un delta?* 4. *Un torrent, une cascade, un canal?* 5. *Qu'appelle-t-on affluent, confluent, bassin d'un fleuve?* 6. *Qu'est-ce qu'un lac, une mare, un étang, un marais?* 7. *Qu'est-ce que le débit d'un fleuve, le régime, l'étiage, la crue?*

CHAPITRE VI

LA TERRE ET L'HOMME

Action de l'homme. — Grâce à un travail assidu et persévérant, l'homme arrive à modifier peu à peu la surface de la terre. Il assèche les marais en traçant des rigoles. Ou bien il crée des lacs artificiels en élevant des digues. Il creuse des canaux, perce les isthmes, troue les chaînes de montagnes, fore des puits dans le désert pour créer des oasis, bref il imprime sa marque partout où il passe.

Action de la Terre. — Réciproquement la terre, à la longue, agit sur l'homme par son sol, ses eaux, mais surtout par ses divers climats. Les habitants de l'équateur diffèrent profondément des habitants des régions tempérées. Toutefois, il ne faudrait pas croire que seule la température influe sur le climat. Il faut, en outre, considérer les vents dominants, l'abondance plus ou moins grande des pluies, etc.

La **température** varie avec la latitude, c'est-à-dire avec la distance aux pôles (V. ci-dessus, chap. III). Elle varie aussi avec l'altitude, c'est-à-dire avec la hauteur au-dessus du niveau de la mer.

Plus on s'élève, plus il fait froid. A partir de 3,000 mètres la neige ne fond plus sur les montagnes.

Enfin elle varie encore avec le voisinage de la mer. La mer tempère la chaleur de l'été et atténue les rigueurs de l'hiver.

Les vents sont des mouvements d'air causés par les différences de température de l'atmosphère.

Entr'ouvrons légèrement la porte qui sépare deux pièces très inégalement chauffées. Si nous présentons une bougie allumée en haut et en bas de la porte, la flamme accuse par son inclinaison deux courants d'air de sens contraire.

Un vent faible est une brise ou un zéphyr. Un vent extrêmement violent souffle en tempête. Il cause les ouragans, les cyclones, etc.

Les **pluies** sont très inégalement réparties à la surface du globe. Il y a des pays où il ne pleut même pas tous les ans (*Sahara*), et d'autres où il pleut presque tous les jours (*Bretagne*). Même dans les pays tempérés, il y a des différences notables dans la répartition des eaux de pluie. Dans les pays secs, la population est groupée autour des sources (*Beauce*). Dans les pays humides, où les sources sont nombreuses, les habitations sont disséminées dans la campagne (*Vosges*).

Un Arabe de Tunisie.

Les races d'hommes. — Les habitants du globe ont fini par s'adapter aux divers sols et aux divers climats. Ils diffèrent entre eux par l'aspect extérieur, le caractère et les aptitudes. D'où les quatre grandes races humaines :

1° **La race blanche**, qui est la nôtre, n'a pas besoin d'une description. Elle peuple l'Europe, l'Afrique du Nord et l'Ouest de l'Asie. Elle compte 750 millions d'hommes. C'est une race intelligente et laborieuse qui tient la tête de la civilisation;

2° **La race jaune** qui peuple l'Asie. Les individus qui la composent ont le teint jaunâtre et les yeux bridés. Ils sont de petite taille. C'est une race qui se distingue par ses qualités de patience et d'adresse. Elle est toujours restée attachée à ses anciens usages. Néanmoins, elle vient de faire, en cinquante ans, de très grands progrès (Japon). Elle forme une masse compacte de 650 millions d'hommes;

La race noire (Nègres du Bénin).

3° **La race noire** qui peuple surtout le continent africain. Les nègres ont la peau noire et les cheveux crépus. Ils ont été jadis la proie des marchands d'esclaves et sont restés en retard sur les autres races. Grands et forts, ils ne sont pas très résistants. Pourtant eux seuls peuvent travailler sous le terrible climat des tropiques. On en compte environ 150 millions;

Village du Gabon.

4° **La race rouge.** — C'est celle des Indiens d'Amérique. Alors qu'ils peuplaient à eux seuls tout le pays lors de sa découverte par Christophe Colomb, on n'en trouve plus guère à présent que dans les vastes forêts de l'Amérique du Nord, 10 millions environ. C'est une race qui est en train de disparaître. Les célèbres Peaux-Rouges, grands et forts, au teint cuivré, ne seront bientôt plus qu'un souvenir.

Centres de peuplement. — Ainsi l'ensemble des habitants du globe s'élève à un milliard et demi d'habitants. Mais il ne faudrait pas croire qu'ils constituent toujours des types aussi tranchés que ceux que nous venons de décrire. Il y a beaucoup de types intermédiaires, et les relations de peuple à peuple toujours plus fréquentes produisent des mélanges qui tendent vers l'uniformité.

La population du globe est très inégalement répartie.

Il y a des régions glacées ou montagneuses, brûlées ou stériles qui sont inhabitées. D'immenses étendues au nord de l'Asie et de l'Amérique ne contiennent pas plus d'un habitant par kilomètre carré. Par contre, il y a des pays qui ont plus de 100 habitants au kilomètre carré. Tels sont en Europe la Belgique et les cantons sud de l'Angleterre.

Habitations primitives (Nouvelle-Guinée).

Les hommes préhistoriques. — Des ossements humains trouvés dans des cavernes, avec des outils en silex ou en os, ont donné la preuve de l'existence de l'homme avant la période historique. On a divisé cette préhistoire en plusieurs parties : l'âge de la pierre taillée, l'âge de la pierre polie, l'âge du bronze et l'âge du fer. Les hommes primitifs vivaient d'abord de chasse et de pêche. Ils sont ensuite parvenus à élever des animaux domestiques, à cultiver des céréales, à planter des arbres fruitiers, à filer le lin et le chanvre. Leurs demeures qui étaient d'abord de simples abris sous roche ou des cavernes sont devenues des huttes parfois bâties sur pilotis (V. *cité lacustre. Nouvelle Guinée*).

QUESTIONNAIRE. — 1. *Montrez par des faits précis l'action de l'homme sur la terre.* 2. *Comment la terre, à son tour, influe-t-elle sur l'homme?* 3. *De quoi dépend le climat?* 4. *Montrez, par une expérience, comment se produisent les vents.* 5. *Quelle est l'influence des sources sur la dissémination de la population?* 6. *Quelles sont les principales races d'hommes? Décrivez-les.* 7. *Les races sont-elles toujours aussi tranchées?* 8. *Quels sont les principaux centres de peuplement?* 9. *Dites, au contraire, quels sont les pays peu peuplés.* 10. *Que savez-vous des hommes préhistoriques?*

2e PARTIE — LA FRANCE PHYSIQUE

CHAPITRE VII

LA FRANCE DANS LE MONDE

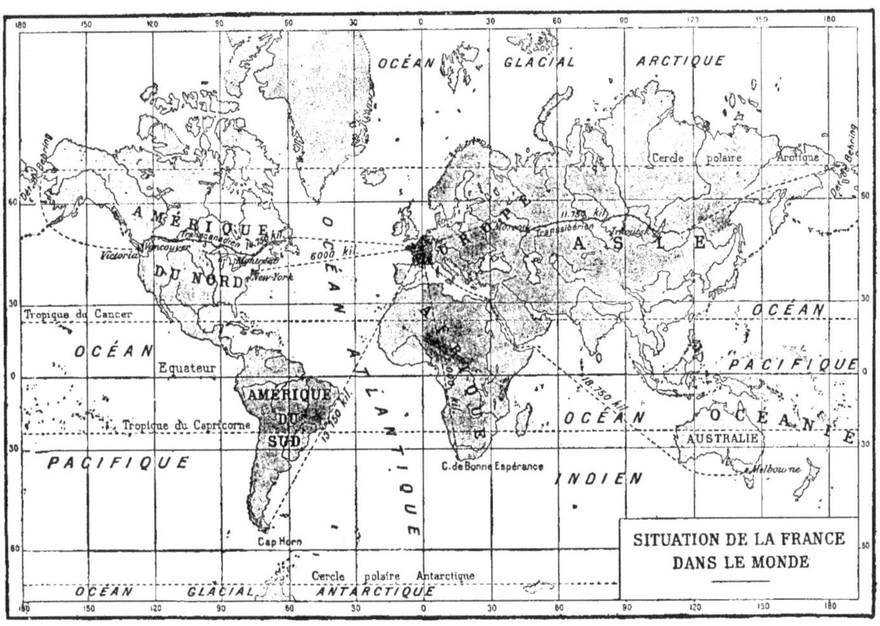

SITUATION DE LA FRANCE DANS LE MONDE

Répartition des terres et des mers. — Nous avons déjà vu (*Leçons préparatoires de Géographie*) que les terres et les mers sont inégalement réparties à la surface du globe. Les terres n'occupent qu'un quart de sa superficie et les mers les trois autres quarts.

Les continents. — Les terres ou continents forment deux grandes masses :

L'Ancien Continent qui se divise en trois parties : l'**Europe,** l'**Asie** et l'**Afrique.**

Le **Nouveau Continent** ou *Amérique* qui comprend l'**Amérique du Nord** et l'**Amérique du Sud.**

On distingue en outre une cinquième partie du monde, l'**Océanie** dont la principale terre est l'**Australie** que l'on nomme encore parfois, à cause de son étendue, le continent austral.

L'Europe et l'Océanie ont à peu près la même étendue. L'Afrique est trois fois grande comme l'Europe, l'Amérique, 4 fois, et l'Asie 4 fois et demie.

Les océans. — Les mers ou océans comprennent :

1° **L'Océan Atlantique** qui sépare l'Ancien et le Nouveau Continent. Il forme deux mers intérieures : la mer Méditerranée au milieu de l'Ancien Continent et la mer des Antilles entre les deux Amériques ;

2° **L'Océan Pacifique,** le plus vaste et le plus profond des océans ;

3° **L'Océan Indien,** ainsi appelé parce qu'il baigne les rivages de l'Inde ;

4° **L'Océan Glacial du Nord ;**

5° **L'Océan Glacial du Sud.**

Ces deux derniers océans, masqués par les glaces, constituaient jusqu'ici une barrière infranchissable autour des pôles. Mais de hardis explorateurs sont parvenus dernièrement à atteindre le Pôle Nord et à s'approcher du Pôle Sud.

Situation de la France. — La France est située à l'extrémité occidentale de l'Europe. Au seul examen de la carte, on voit tout de suite qu'elle se trouve à peu près à égale distance du pôle et de l'équateur. Elle n'est donc exposée ni à une chaleur torride ni à des froids excessifs : son climat est tempéré.

Elle est rattachée au continent par une frontière terrestre qui s'étend de la mer du Nord à la mer Méditerranée, ce qui lui permet des relations faciles avec la Belgique, l'Allemagne, la Suisse et l'Italie.

Les Pyrénées couvrent sa frontière au Sud par une barrière inviolable; mais comme elles s'abaissent aux deux extrémités, elles n'empêchent pas de commercer avec l'Espagne. La France est en outre largement ouverte sur la mer : au Nord sur la mer du Nord et la Manche, à l'Ouest sur l'Océan Atlantique, au Sud sur la Méditerranée, ce qui facilite ses échanges avec tous les pays du monde. Ainsi sa situation est exceptionnellement favorable.

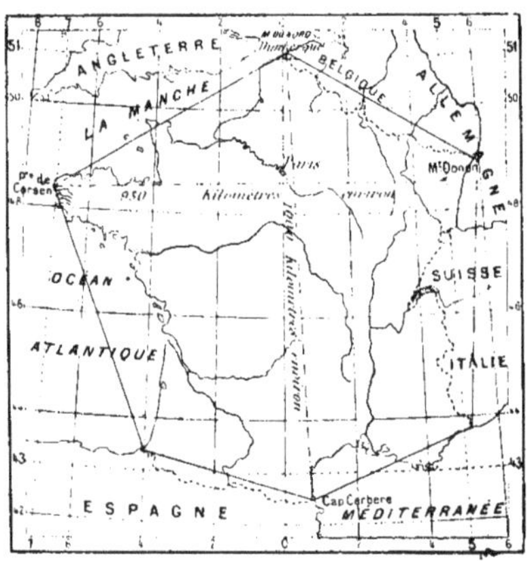

Dimensions de la France.

Superficie. Population. — La carte de France peut être enfermée dans un hexagone à peu près régulier, ce qui lui donne un aspect harmonieux. On compte du Nord au Sud 1,000 kilomètres, contre 950 de l'Est à l'Ouest. La superficie de notre pays est de 550,000 kilomètres carrés. Sa population n'atteint pas tout à fait 40 millions d'habitants avec une densité de 71 au kilomètre carré.

Sol. — Le sol de la France est formé de roches anciennes et de toutes les variétés des roches sédimentaires.

Les roches anciennes (*granites, gneiss*) composent les massifs du Plateau central, de la Bretagne, du Morvan et des Vosges. Ces régions ont été les premières émergées. Elles ont dessiné les golfes parisien, d'Aquitaine et du Rhône. Puis ces golfes ont été comblés peu à peu par des dépôts sédimentaires (*calcaires, argiles, marnes et grès*).

Des mouvements volcaniques ont amené au jour des roches éruptives (*basaltes, laves*). Enfin des plissements et des soulèvements de l'écorce terrestre ont dessiné les chaînes de montagnes (*Jura, Pyrénées, Alpes*).

Formation des roches. — Les savants admettent généralement que notre globe a été d'abord une masse ignée. Elle s'est refroidie peu à peu en rayonnant sa chaleur à travers l'espace et une croûte solide s'est formée à sa surface. Cette croûte constitue les terrains primitifs (gneiss) dont les éléments cristallins sont orientés suivant des parallèles.

Ces roches primitives ont été remaniées par les eaux des océans et ont formé les diverses roches sédimentaires que l'on a divisées suivant l'ordre de dépôt en terrains primaires, secondaires, tertiaires et quaternaires.

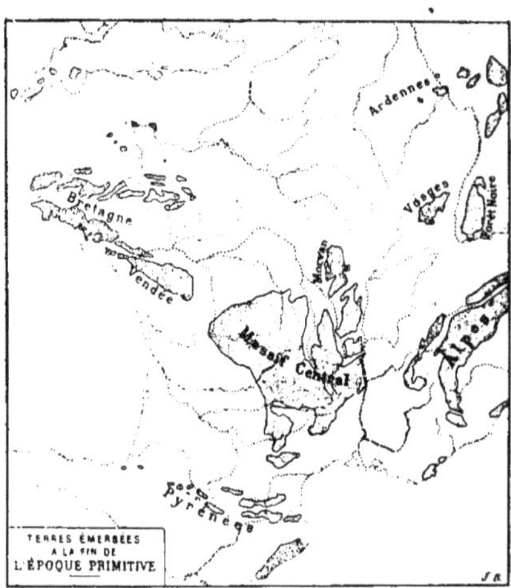

Si aucun cataclysme n'était survenu, ces diverses couches seraient exactement superposées comme les tuniques d'un oignon. Mais deux ordres de faits sont venus détruire cette belle ordonnance :

1° Les matières fondues du noyau central ont fait éruption, à diverses époques, à travers l'écorce solide : granites au commencement et porphyres à la fin de l'ère primaire, basaltes à la fin de la période tertiaire et laves à la fin de la période quaternaire. (L'ère secondaire n'a présenté aucun phénomène éruptif) ;

2° Des plissements de l'écorce terrestre se sont produits à diverses époques et ont dérangé l'horizontalité des couches déposées antérieurement, si bien que les savants eux-mêmes ont parfois grand'peine à rétablir l'ordre de succession des couches sédimentaires.

QUESTIONNAIRE. — 1. *Quelle est la proportion des terres et des mers à la surface du globe?* 2. *Comment divise-t-on les terres?* 3. *Quelle est l'étendue comparée des 5 parties du monde?* 4. *Comment partage-t-on les mers?* 5. *Dites ce que vous savez sur la situation de la France.* 6. *Quelles sont ses dimensions du Nord au Sud, de l'Est à l'Ouest?* 7. *Quelle est sa superficie? Sa population? Sa densité au kilomètre carré?* 8. *De quoi est formé le sol de la France?* 9. *Qu'était notre globe à l'origine?* 10. *Qu'appelle-t-on terrains primitifs? Terrains sédimentaires?* 11. *Citez les roches éruptives des diverses époques.* 12. *Qu'est-ce qui a dérangé l'horizontalité des roches sédimentaires?*

CHAPITRE VIII

LA FRANCE A VOL D'OISEAU : LE RELIEF

Le Puy de Sancy.

Relief du sol français. — Nous avons déjà vu au chapitre précédent que les terres émergées ne sont pas du même âge. Nous pouvons distinguer au point de vue du relief :

1° Des montagnes anciennes aux sommets émoussés et arrondis, comme usées par les agents atmosphériques : *Vosges et Ardennes, Massif central, Monts de Bretagne.* Elles ne sont pas à vrai dire un obstacle et elles n'entravent pas les communications d'un bout de la France à l'autre;

2° Des montagnes récentes, aux sommets non encore émoussés et parfois très aigus. Ce sont les plus hautes : *Alpes, Pyrénées*;

3° Des plaines résultant de l'envasement des trois grands golfes déjà nommés : *golfe parisien, golfe d'Aquitaine, golfe du Rhône.*

Vosges et Ardennes. — Situées à l'Est de la France, les **Vosges** n'ont qu'une altitude médiocre (*ballon de Guebriller* : 1,426 mètres). Pourtant elles font presque figure de hautes montagnes vues de la plaine d'Alsace parce qu'elles s'abaissent brusquement de ce côté. Leurs sommets sont généralement arrondis en forme de ballon et couverts de forêts ou de pâturages. Elles offrent des paysages variés et des points de vue admirables. Au Sud elles laissent un large passage entre leurs dernières pentes et le Rhin : c'est la *trouée de Belfort.*

Les **Ardennes** ne sont qu'un plateau schisteux et boisé de 500 mètres de hauteur.

Massif central. — Le Massif central est un plateau granitique qui présente au milieu une cassure jalonnée par une ligne de volcans éteints appelés *puys* : le Puy-de-Dôme, le Puy-de-Sancy, le plus élevé de tous (1,886 mètres). A l'Est, le Massif central est bordé par la chaîne des Cévennes (*mont Mézenc* [1,700 mètres], *mont Gerbier-des-Joncs*). A l'Ouest, il se prolonge par le plateau du Limousin et au Sud par la région des Causses.

Le Massif central arrête les nuages venus de l'Océan. Les eaux ruissellent de toutes parts sur ses pentes et vont alimenter la Loire, la Garonne et le Rhône par de nombreux affluents. C'est pourquoi on l'a appelé le *château d'eau* de la France.

Au Nord des Cévennes se trouve le **Morvan,** îlot granitique boisé et humide (900 mètres).

Une cluse du Jura.

FRANCE PHYSIQUE
Echelle de 1: 5.000.000
Kilomètres
Hauteurs
Direction des montagnes
Sommet
ANGLETERRE
MANCHE
BELGIQUE
Iles Anglo-Normandes
OCÉAN
ATLANTIQUE
Golfe de Gascogne
ESPAGNE
MER
MÉDITERRANÉE
Golfe du Lion
Paris
Lille
Amiens
Rennes
le Mans
Orléans
Angers
Tours
Nantes
Loire
Belle-Ile
I. de Noirmoutier
I. d'Yeu
I. de Ré
Ile d'Oléron
Bordeaux
Toulouse
Lyon
Marseille
Bruxelles
Liège
Cologne
Reims
Dijon
Calais
Cambrai
Picardie
Beauce
Brie
Champagne
Vendée
Landes
Limoges
Dordogne
Gironde
Garonne
Charente
Vienne
Creuse
Indre
Cher
Allier
Oise
Marne
Seine
Yonne
Vilaine
Sarthe
Adour
Aude
Pau
Agen
Nevers
Melun
Perpignan
C. Cerbère
C. de Creus
C. Sicié
I. de Jersey
I. de Guernesey
I. d'Aurigny
C. de la Hague
C. d'Antifer
Biarritz
Bayonne
J. Besson del.

Jura. — Le Jura sépare la France de la Suisse. C'est un ensemble de plissements orientés du Sud-Ouest au Nord-Est. (L'écorce terrestre s'est ridée à cet endroit comme une étoffe épaisse trop resserrée.) Ces plissements délimitent de profonds sillons appelés *combes* qui communiquent entre eux par des brèches transversales appelées *cluses*. Les plateaux calcaires sont couverts de forêts et de pâturages. Le plus haut sommet est le *Crêt de la Neige* (1,700 mètres).

Alpes. — Les Alpes françaises couvrent tout le sud-ouest de notre pays.

On y distingue entre autres : les *Alpes de Savoie*, les *Alpes du Dauphiné* et les *Alpes de Provence*. C'est un chaos de hautes montagnes dominées par la cîme majestueuse du Mont-Blanc (4,810 mètres), la plus haute montagne de l'Europe. Les hauts sommets des Alpes sont couverts de neiges éternelles qui alimentent de nombreux glaciers et des torrents impétueux. Les Alpes de Savoie et du Dauphiné ont encore de belles forêts, mais les Alpes de Provence sont déboisées et ravinées.

Le Mont-Blanc.

Pyrénées. — Les Pyrénées séparent comme une haute muraille la France de l'Espagne car elles sont pour ainsi dire dépourvues de cols praticables. Les pentes sont abruptes et de difficile accès du côté France. Elles ont des pics neigeux : la *Maladetta* (3,400 mètres), le *Pic-de Néthou*, mais pas de glaciers. On y trouve des forêts profondes où retentit le fracas des gaves, et de hauts pâturages ensoleillés où paissent de nombreux troupeaux. Elles forment réellement un monde à part, éclatant de lumière et de couleur.

Le cirque de Gavarnie.

Plaines. — Si l'on tire, sur la carte, une ligne allant de Bayonne à Mézières, on sépare la France en deux parties : l'une, celle de droite, qui est presque entièrement montagneuse; l'autre, celle de gauche, où l'on ne trouve guère que des plaines.

Examinons de plus près cette dernière partie. Nous y trouvons : au Nord, les grasses plaines de la *Flandre;* au centre, les plaines du bassin parisien : *Beauce, Brie, Champagne*, plaines de la *Loire;* à l'Est, la riche plaine d'*Alsace;* au Sud, les plaines des *Landes*, la plaine de *Toulouse*, la plaine du *Languedoc* et le sillon du *Rhône*.

Ces plaines communiquent entre elles. Celles du bassin parisien se relient d'une part au bassin d'Aquitaine par le seuil du Poitou, d'autre part au bassin du Rhône par le seuil de Bourgogne. Le bassin d'Aquitaine s'ouvre sur le Languedoc par le seuil de Naurouze et le bassin du Rhône communique avec la plaine d'Alsace par la trouée de Belfort.

QUESTIONNAIRE. — 1. *L'étude du relief comprend combien de parties? Citez-les.* 2. *Quelles sont les montagnes les plus anciennes?* 3. *Quelles sont les montagnes récentes?* 4. *D'où proviennent les plaines?* 5. *Que savez-vous des Vosges?* 6. *Des Ardennes?* 7. *Du Massif central?* 8. *Pourquoi celui-ci est-il appelé le château d'eau de la France?* 9. *Que savez-vous du Morvan?* 10. *Comment peut-on se figurer les plissements du Jura?* 11. *Qu'appelle-t-on combes? cluses?* 12. *Que savez-vous des Alpes?* 13. *Quelle différence y a-t-il entre les Alpes du Nord et les Alpes du Sud?* 14. *Comparez les Alpes aux Pyrénées.* 15. *Comparez les hauteurs des montagnes que l'on vient d'étudier.* 16. *Quelles sont les grandes plaines de France?* 17. *Comment communiquent-elles?*

CHAPITRE IX

LA FRANCE A VOL D'OISEAU : LES FLEUVES

Les principaux fleuves. — La France a quatre grands fleuves : la *Seine*, qui se jette dans la Manche; la *Loire* et la *Garonne*, qui se déversent dans l'Océan Atlantique, et le *Rhône*, qui se rend dans la mer Méditerranée.

En outre, on trouve dans le nord-est de grands cours d'eau qui pénètrent ensuite dans les Pays-Bas et en Allemagne. Ce sont : le *Rhin*, la *Meuse* et l'*Escaut*, tous trois tributaires de la mer du Nord.

Le Havre (les jetées).

La Seine. — La Seine prend sa source dans la Côte-d'Or. Elle arrose *Troyes*, *Melun*, *Paris*, *Rouen* et se jette dans la Manche entre Le Havre et Honfleur. Elle a comme affluents sur la rive droite : L'*Aube*, la *Marne* et l'*Oise* grossie de l'*Aisne;* sur la rive gauche : L'*Yonne*, le *Loing* et l'*Eure*.

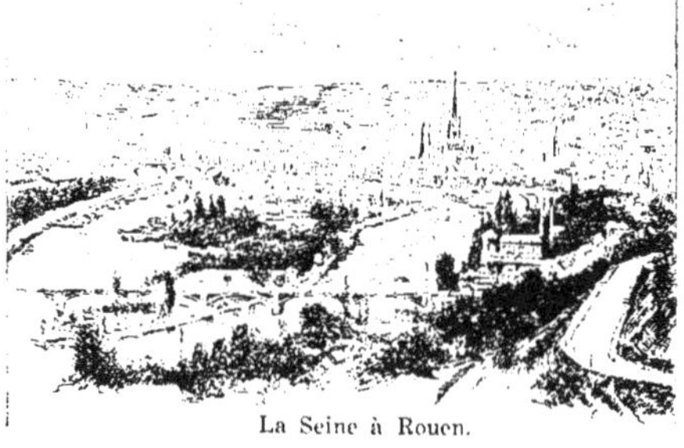

La Seine à Rouen.

La Seine a un régime régulier. C'est notre plus belle voie navigable. Elle dessert des centres populeux. On a dit : Paris, Rouen et Le Havre ne sont qu'une même ville dont la Seine est la grande rue.

La Loire. — La Loire prend sa source au Mont-Gerbier-des-Joncs, dans les Cévennes. Elle arrose Nevers, Orléans, Blois, Tours, Nantes, et se jette dans l'Océan Atlantique entre Paimbœuf et Saint-Nazaire.

Elle a comme affluents sur la rive droite : La *Nièvre* et la *Maine* formée de la *Mayenne* et de la *Sarthe* grossie du *Loir;* sur la rive gauche : L'*Allier*, le *Cher*, l'*Indre*, la *Vienne* grossie de la *Creuse* et la *Sèvre Nantaise*.

La Loire est le plus long des fleuves français (1,000 km.). Elle a un régime irrégulier et n'est presque pas navigable.

La Gironde à Bordeaux.

La Garonne. — La Garonne prend sa source dans les Pyrénées, au val d'*Aran* (*Espagne*). Elle arrose *Toulouse*, *Agen*, *Bordeaux*, et se jette dans l'Océan Atlantique par un large estuaire appelé *Gironde*.

Elle a comme affluents sur la rive droite : l'*Ariège*, le *Tarn* grossi de l'*Aveyron*, le *Lot* et la *Dordogne* grossie de la *Vézère* et de l'*Isle;* sur la rive gauche : La *Save*, le *Gers* et la *Baïse*.

La Garonne est torrentueuse sur une grande partie de son cours et l'on a dû lui creuser un canal latéral pour en faire une artère navigable. Mais la Gironde est un vrai bras de mer, et les gros bateaux remontent jusqu'à Bordeaux.

FRANCE PHYSIQUE
Echelle de 1: 5.000.000
Kilomètres
0 50 100 150 200
Hauteurs
de 0 à 200 mètres
de 200 à 500
de 500 à 1000 mètres
au-dessus de 1000m
Direction des montagnes
Sommet
ANGLETERRE
MANCHE
BELGIQUE
ALLEMAGNE
SUISSE
ESPAGNE
OCÉAN
ATLANTIQUE
Golfe de Gascogne
MER
MÉDITERRANÉE
Golfe du Lion
Iles Anglo-Normandes
I. de Guernesey
I. de Jersey
I. d'Aurigny
C. de la Hague
Pte de Barfleur
C. d'Antifer
C. de la Hève
Baie de la Seine
Cherbourg
Cotentin
Normandie
Collines de Normandie
Collines du Perche
I. de Batz
les Sept Iles
Bréhat
G. de St Malo
St Malo
Monts de Bretagne
Rance
Rennes
Vilaine
I. de Groix
Presq. de Quiberon
Belle-Ile
I. de Noirmoutier
I. d'Yeu
Vendée
I. de Ré
La Rochelle
Rochefort
Ile d'Oléron
Royan
Charente
Pte de Grave
Gironde
Bordeaux
Bassin d'Arcachon
Arcachon
Landes
Adour
Biarritz
Bayonne
Pau
Plateau de Lannemezan
Garonne
Armagnac
Agen
BASSIN D'AQUITAINE
Dordogne
Libourne
Isle
Angoulême
Mts du Limousin
Limoges
Mts de la Marche
Vienne
Creuse
Poitiers
Nantes
Loire
Angers
Mayenne
Sarthe
le Mans
Tours
Loir
Cher
Indre
Bourges
Orléans
Beauce
Chartres
BASSIN PARISIEN
Paris
Melun
Brie
Seine
Eure
Pontoise
Rouen
le Havre
Caux
Dieppe
Picardie
Amiens
Somme
Oise
Aisne
Reims
Marne
Champagne
Troyes
Aube
Yonne
Auxerre
Dijon
Bourgogne
Morvan
Nevers
Allier
Puy de Dôme
Clermont Ferrand
MASSIF CENTRAL
Plomb du Cantal
Causses
Lot
Aveyron
Tarn
Toulouse
Gers
Save
Ariège
Mgne Noire
Aude
Perpignan
C. Cerbère
C. de Creus
Ebre
Sègre
Calais
Dunkerque
Boulogne
Flandre
Lille
Lys
Arras
Scarpe
Cambrai
Escaut
St Quentin
Bruxelles
Liège
Namur
Sambre
Meuse
ARDENNES
Sedan
Argonne
Verdun
Metz
Plateau Lorrain
Lorraine
Moselle
Nancy
Toul
Strasbourg
Rhin
Cologne
Mayence
Faucilles
Vosges
Ballon d'Alsace
Trouée de Belfort
Saône
Doubs
Besançon
Bresse
Mâcon
Lyon
Rhône
Isère
Grenoble
Drôme
Avignon
Arles
Durance
Marseille
Toulon
C. Sicié
Is d'Hyères
Nice
Var
Alpes de Provence
Mt Ventoux
Lozère
Cévennes
Bas Languedoc
Cette
Hérault
Corse
Ajaccio
Bouches de Bonifacio

La Saône à Lyon.

Le **Rhône.** — Le Rhône prend sa source en Suisse, au Mont Saint-Gothard. Il traverse le lac de Genève, arrose *Lyon, Valence, Avignon,* et se jette dans la Méditerranée par plusieurs branches ensablées qui comprennent entre elles le delta de la *Camargue.*

Le Rhône à Avignon.

Il a comme affluents sur la rive droite : l'*Ain,* la *Saône* grossie du *Doubs,* l'*Ardèche* et le *Gard;* sur la rive gauche : l'*Isère,* la *Drôme* et la *Durance.*

Le Rhône est trop rapide pour rendre beaucoup de services à la navigation. Il y a cependant quelques bateaux qui vont de Lyon à Avignon.

Le **Rhin**; la **Meuse**; l'**Escaut.** — Le Rhin prend sa source en Suisse au mont St-Gothard; il borde la plaine d'Alsace, en séparant la France de l'Allemagne et se rend dans la mer du Nord. Son principal affluent est la *Moselle* grossie de la *Meurthe.* A partir de Strasbourg, c'est une belle voie navigable.

La Meuse dans les Ardennes.

La Meuse naît dans le plateau de *Langres,* arrose *Verdun, Sedan,* et entre en Belgique à Givet. Elle est canalisée sur une partie de son cours.

L'Escaut avec ses affluents la *Scarpe* et la *Lys* arrose la plaine flamande. Ce sont des rivières navigables presque aussitôt après leur source.

Fleuves côtiers. — On appelle ainsi des rivières peu importantes qui se jettent directement dans la mer. On trouve sur le versant de la Manche : la *Somme,* l'*Orne,* et la *Rance;* sur le versant de l'Océan Atlantique : la *Vilaine,* la *Sèvre Niortaise,* la *Charente* et l'*Adour;* sur le versant de la Méditerranée : l'*Aude,* l'*Hérault* et le *Var.*

QUESTIONNAIRE. — 1. *Quels sont les quatre grands fleuves de France?* 2. *Quels sont les autres grands fleuves qui n'arrosent qu'une partie de notre pays?* 3. *Citez les villes arrosées par la Seine; principaux affluents.* 4. *Caractérisez le cours de la Seine.* 5. *Dites ce que vous savez sur la Loire et ses affluents.* 6. *Caractérisez le cours de la Loire.* 7. *Que savez-vous de la Garonne et de ses affluents?* 8. *Caractérisez le cours de la Garonne.* 9. *Que savez-vous du Rhône et de ses affluents?* 10. *Caractérisez le cours du Rhône.* 11. *Que savez-vous du Rhin, de la Meuse, de l'Escaut?* 12. *Quels sont les fleuves côtiers des versants de la Manche, de l'Atlantique, de la Méditerranée?*

CHAPITRE X

LA FRANCE A VOL D'OISEAU : LES COTES; LE CLIMAT.

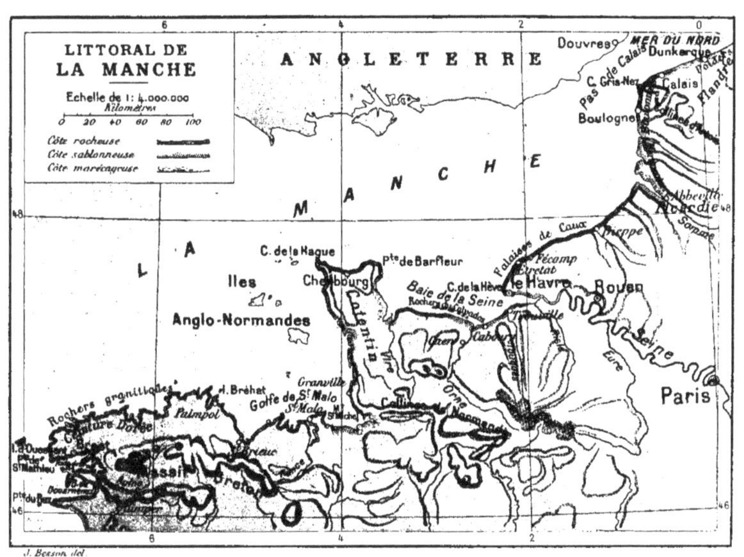

Influence des marées. — L'Océan est une mer agitée, avec de fortes marées, aussi les côtes de la mer du Nord, de la Manche et de l'Océan Atlantique sont-elles constamment dégradées par les flots.

La Méditerranée, au contraire, est une mer intérieure, sans grandes marées, et ses côtes, principalement celles du Languedoc, s'envasent peu à peu.

Côtes de la mer du Nord. — La plaine de Flandre se termine dans la mer du Nord par une plage basse et sablonneuse çà et là envahie par les *dunes*. La côte se relève aux falaises du cap *Gris-Nez*.

Principaux ports : *Dunkerque* et *Calais*.

Côtes de la Manche. — La côte redevient sablonneuse à l'embouchure de la Somme pour se relever ensuite aux falaises du pays de Caux et former le cap de la *Hève* près du grand port du *Havre*. Après l'embouchure de la Seine la la côte est à nouveau sableuse puis semée d'écueils dans le golfe du *Calvados*. Elle se relève à l'extrémité de la presqu'île du Cotentin pour former la pointe de *Barfleur* et le cap de la *Hague*, à proximité des îles anglo-normandes de *Jersey* et de *Guernesey*. Encore sableuse au golfe de *Saint-Malo* (*Mont Saint-Michel*), elle devient granitique et très découpée, parsemée d'écueils dangereux, sur tout le Nord de la *Bretagne*.

Ports de commerce : *Boulogne, Dieppe, Le Havre.*

Port militaire : *Cherbourg.*

Les rochers du Calvados.

Ports de commerce : *Saint-Nazaire, Nantes, La Rochelle, Bordeaux.*

Ports militaires : *Brest, Lorient, Rochefort* (ce dernier sur un fleuve côtier : la *Charente*).

Côtes de la mer Méditerranée. — La Méditerranée est une mer qui n'a pour ainsi dire pas de marées. Les alluvions apportés par les fleuves restent sur place et le rivage avance peu à peu sur la mer. (*Aigues-Mortes, où Saint-Louis s'embarqua pour la croisade, est actuellement à 4 kilomètres de la mer.*)

Les côtes de la mer Méditerranée présentent deux aspects bien distincts :

1° Les rivages du Languedoc. Côte basse et sablonneuse bordée d'étangs et de lagunes : Un seul port important : *Cette;*

2° Les côtes de Provence, qui commencent à l'étang de *Berre* sont rocheuses et découpées. On y trouve des ports excellents comme *Marseille* (*notre grand port de commerce*) et *Toulon* (*notre plus grand port militaire*).

A noter les îles d'Hyères.

Les climats français. — Notre pays est tempéré dans son ensemble. Mais deux ordres de faits apportent une certaine variété dans les climats de ses diverses régions :

1° *L'humidité* est conditionnée par le voisinage ou l'éloignement de la mer. Sur le bord de la mer, les pluies sont en général fréquentes;

Côtes de l'Océan Atlantique. — La côte méridionale de la Bretagne est comme la côte septentrionale, rocheuse et très découpée. Notons en passant la presqu'île de *Quiberon* et *Belle-Isle*. De l'embouchure de la Loire à l'embouchure de l'Adour, la côte est basse et sablonneuse. A noter les îles d'*Ouessant*, de *Ré* et d'*Oléron*, la pointe de *Grave* à l'embouchure de la Gironde. Sur le rivage des Landes, des dunes (actuellement boisées) retiennent les eaux de l'intérieur dans des étangs marécageux.

La portion de mer comprise entre les côtes de France et d'Espagne s'appelle le *Golfe de Gascogne.*

Les Côtes de la Méditerranée.

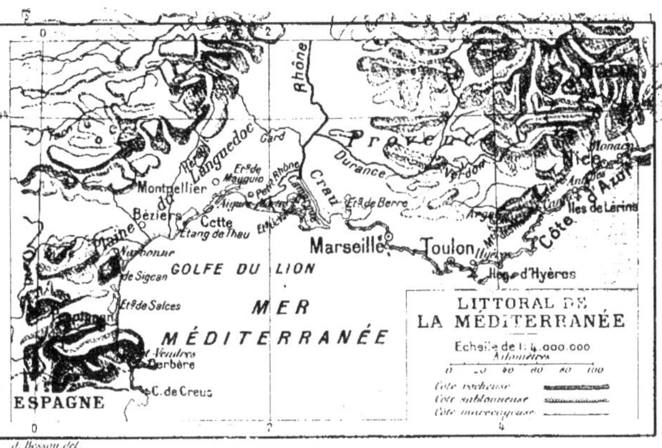

2° *La température* dépend beaucoup de l'altitude : plus on s'élève plus il fait froid. Elle dépend aussi, en partie, du plus ou moins grand voisinage de la mer, car la mer emmagasine la chaleur de l'été et la restitue l'hiver; la mer présente aussi parfois des courants d'eau chaude qui viennent lécher les rivages (Gulf Stream dans l'Océan Atlantique).

Ainsi l'on pourrait dire, d'une façon générale, que les climats marins sont doux et humides et les climats continentaux plus secs et aussi plus froids si le pays est élevé.

Cela posé, nous pouvons distinguer en France :

1° Le climat du bassin parisien (*séquanien*), humide et doux ;

2° Le climat breton (*armoricain*), très humide et très doux ;

3° Le climat *girondin*, humide et chaud ;

4° Le climat *méditerranéen*, sec et chaud ;

5° Le climat lyonnais (*rhodanien*), chaud mais brumeux ;

6° Le climat du plateau central (*auvergnat*), humide et froid ;

7° Le climat *vosgien*, chaud en été mais rude en hiver.

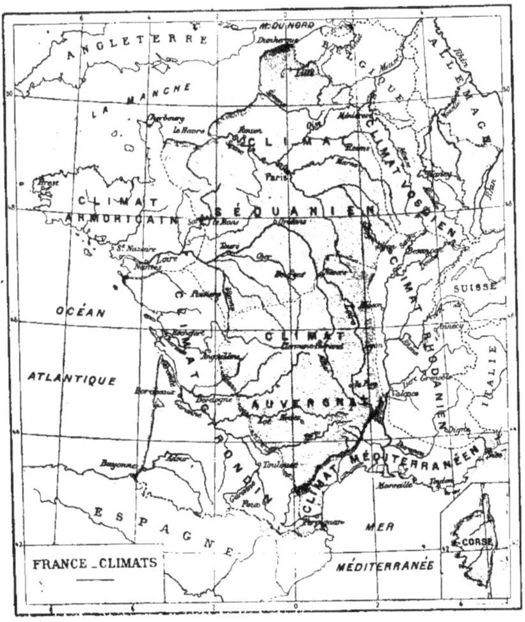

FRANCE _ CLIMATS

QUESTIONNAIRE. — 1. *Quelle est l'influence des marées sur la dégradation des côtes?* 2. *Différence entre l'Océan et la Méditerranée.* 3. *Décrivez les côtes de la mer du Nord.* 4. *De la Manche.* 5. *De l'Océan Atlantique.* 6. *De la mer Méditerranée.* 7. *Quels sont nos grands ports de commerce?* 8. *De guerre?* 9. *Citez des caps.* 10. *Des golfes.* 11. *Des îles.* 12. *Quelle est l'influence de la mer sur le climat?* 13. *De l'altitude.* 14. *Quels sont les climats français?* 15. *Caractérisez chacun d'eux.*

3e PARTIE — LES REGIONS DE LA FRANCE

CHAPITRE XI

REGIONS DU NORD ET DU NORD-EST

Qu'est-ce qu'une région? — Une région naturelle est un ensemble de pays qui se ressemblent par le terrain, le climat, les cultures, la manière de vivre des habitants.

Chaque région possède un ou plusieurs centres : ce sont les villes où se rend la population pour acheter et pour vendre. Ces villes, pour la plupart, sont les capitales de nos anciennes provinces. Celles-ci ont été morcelées par la division administrative en départements, division tout artificielle, si bien qu'un département comprend souvent des parties de régions fort différentes. On tend actuellement à refaire le groupement de la France en régions : c'est déjà ébauché en matière économique.

Les *pays* sont des portions de région présentant une certaine unité. Ex. : la *Beauce*, la *Brie*, le *Gâtinais*.

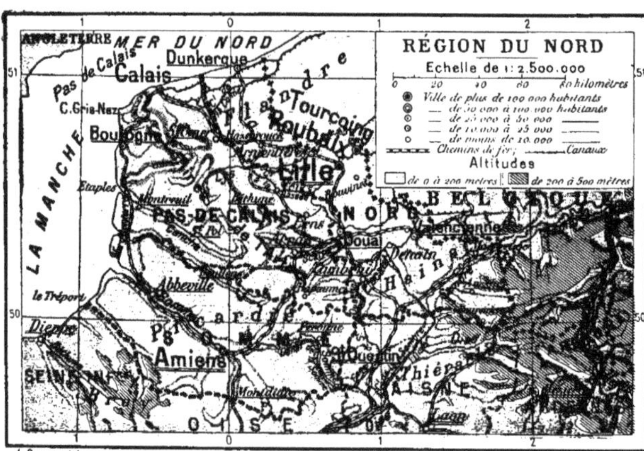

J. Besson del.

REGION DU NORD.

Caractéristiques (*Aspect, Sol, Climat, Production*, etc.).

La région du Nord est formée des plaines flamande et picarde, accidentées de quelques collines (*collines de l'Artois*). Aspect monotone. Plaines à perte de vue parsemées de moulins à vent et de cheminées d'usines, traversées de rivières au cours lent, toutes navigables (*Escaut, Sambre, Lys*). — Climat doux et humide.

Le sol est extrêmement fertile. Il produit en abondance du blé, du chanvre, du lin, des betteraves à sucre. Le sous-sol est riche en houille (*Bassin de Valenciennes*) ; aussi l'industrie y est-elle très prospère (*métallurgie, tissages, sucreries*).

Paysage des Flandres.

Un réseau très serré de chemins de fer, tramways et canaux facilite les transports. Les ports de *Dunkerque, Calais, Boulogne* ouvrent à cette région les grandes routes du commerce maritime. C'est, après Paris, la région la plus peuplée et la plus industrielle de toute la France. Malheureusement, elle a été ravagée par les Allemands pendant la dernière guerre.

Départements (1). — Le **Nord**, chef-lieu **Lille** (200,000 habitants) ; avec *Roubaix* et *Tourcoing*, qui sont en quelque sorte ses faubourgs, Lille forme une agglomération de plus de 500,000 habitants (*métallurgie, tissages*).

Dunkerque, port de commerce important; *Valenciennes*, mines de houille; Cambrai, Douai; Maubeuge, place forte.

Le **Pas-de-Calais**, chef-lieu *Arras*, marché agricole.

Calais, Boulogne, ports de commerce, trafiquent surtout avec l'Angleterre; *Lens*, mines de houille.

La **Somme**, chef-lieu *Amiens*, fabriques de velours, magnifique cathédrale.

Abbeville, sur la Somme.

(1) La réorganisation administrative de la France en régions respectera vraisemblablement la division actuelle en départements. Il y a donc lieu de la maintenir ici. Quant aux arrondissements, ils seront sans doute sacrifiés. C'est pourquoi nous ne donnons pas les sous-préfectures pour ne pas encourager un effort de mémoire inutile.

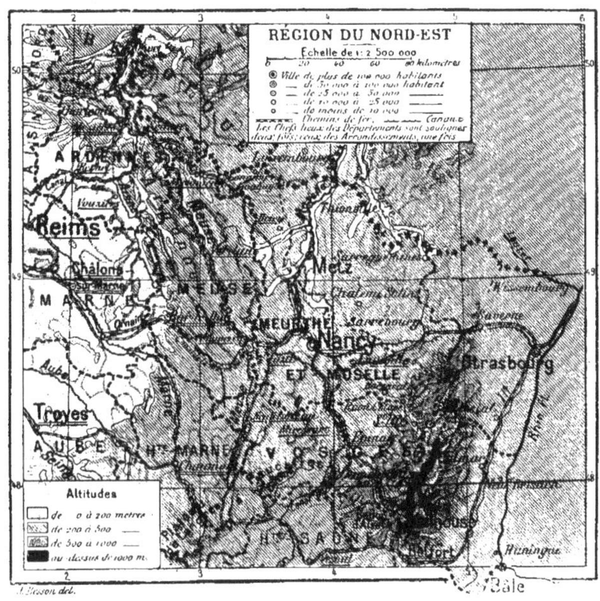

LA REGION DU NORD-EST.

Caractéristiques. — Ce qui donne à cette région son unité, c'est son climat qui est continental, assez rude : étés chauds mais courts, hivers rigoureux.

On peut y distinguer quatre parties :

1° Au centre, un massif montagneux, de granite et de grès, les *Vosges*, dont le plus haut sommet, le Hohneck, n'a que 1,366 mètres. Ce massif s'abaisse brusquement sur la plaine d'Alsace et se continue au contraire, presque sans transition, par le plateau lorrain. Il livre passage dans la plaine, au Sud par la trouée de Belfort, au Nord par le col de Saverne. Pays boisé et pauvre, mais où les chutes d'eau constituent une richesse naturelle, déjà fort exploitée par les usines (tissages, papeteries) qui parsèment toutes les vallées, notamment celles de la *Moselle* et de la *Meurthe*;

2° A l'Ouest, le *plateau lorrain*, assez accidenté, coupé par les vallées de la *Meuse* et de la *Moselle*. Pays de céréales, de prairies, de vignes (celles-ci en décroissance). Mais ce qui fait sa richesse, c'est le minerai de fer (*bassin de Nancy, bassins de Longwy et de Briey*). Il est transformé sur place en fonte et en acier dans de nombreuses usines. Ajoutons à cela les verreries, les salines et les fabriques de soude;

3° Au Nord, le plateau d'*Ardenne*, schisteux (*ardoisières de Fumay*) et très boisé. Le pays est naturellement pauvre; mais il est creusé de profondes vallées (*Meuse*) où s'est réfugiée la vie industrielle (métallurgie, tissages) qui est assez intense;

4° A l'Est, la plaine d'*Alsace*, basse et fertile, qui produit en abondance le blé, le tabac, le houblon. Les pentes des Vosges sont couvertes de vignobles renommés.

Mers (Plage).

La cathédrale d'Amiens.

Strasbourg (Vue générale).

L'industrie y est aussi très développée : filatures, tissages (*Mulhouse*) ; mines de potasse (*Mulhouse*) ; brosseries, minoteries, métallurgie (*Strasbourg*).

Cette région est le boulevard de la France. On y trouve des places fortes de premier ordre : outre Belfort, Epinal, Toul, Verdun, on peut citer à présent Metz et Strasbourg que les Allemands avaient formidablement armées contre nous.

Départements. — Le *Bas-Rhin*, chef-lieu **Strasbourg** (160,000 habitants). Ville d'Université, place forte, magnifique cathédrale; *Wissembourg, Saverne.*

Le *Haut-Rhin*, chef-lieu *Colmar; Mulhouse*, grande ville industrielle.

Il convient d'ajouter ici le Territoire de Belfort, chef-lieu *Belfort*, place forte. Il faisait partie autrefois du département du Haut-Rhin.

La *Moselle*, chef-lieu *Metz*, place forte, cathédrale; *Thionville*, industrie du fer; *Sarreguemines*, faïence.

Strasbourg. — La Petite France.

Nancy (Arc de Triomphe).

Meurthe-et-Moselle, chef-lieu **Nancy** (**110,000** habitants). Ville d'art, industrie du fer, ancienne capitale de la Lorraine.

Toul, place forte; *Lunéville*, faïence; ***Pont-à-Mousson***, *Briey, Longwy*, industrie du fer.

Les *Vosges*, chef-lieu *Epinal*, tissages, papeteries, place forte. *St-Dié, Remiremont*, tissages.

Verdun (Porte chaussée).

La *Meuse*, chef-lieu *Bar-le-Duc; Verdun*, place forte dont la belle défense pendant la dernière guerre a émerveillé le monde entier.

Les *Ardennes*, chef-lieu *Mézières; Charleville, Sedan*, tissages de laine.

QUESTIONNAIRE. — 1. *Qu'est-ce qu'une région?* 2. *Qu'est-ce qu'un pays?* 3. *Qu'appelle-t-on caractéristiques d'une région?* 4. *Quelles sont les caractéristiques de la région du Nord?* 5. *Dites ce que vous savez de l'intensité de la circulation.* 6. *Quels sont les départements de cette région?* 7. *Quelles sont les divisions de la région du Nord-Est?* 8. *Caractérisez chacune d'elles.* 9. *Quels sont les départements de cette région?* 10. *Quelle est l'industrie dominante?* 11. *Pourquoi dit-on que cette région est le boulevard de la France?* 12. *Quels sont les départements qui nous ont été rendus à la suite de la dernière guerre?*

CHAPITRE XII. — LE BASSIN PARISIEN

Généralités. — Le Bassin parisien dont le nom est emprunté à la Géologie (V. *Carte des terres émergées à l'époque primaire*) comprend tout le territoire, en forme de cuvette, qui a pour centre Paris.

Cette disposition du pays explique pourquoi toutes les rivières, même la Loire avant Orléans, convergent vers Paris. Les collines qui bordent cette cuvette présentent de nombreuses dépressions qui facilitent les relations avec le reste de la France : trouée de l'*Oise* vers l'Ardenne, défilés de l'*Argonne* vers l'Est, vallées de la *Marne* et de la *Seine* vers le plateau de *Langres*, vallée de la *Loire* vers le *Plateau central*.

Le Bassin parisien est très vaste (*un quart de la France*). Nous en faciliterons l'étude en le divisant comme suit :

I. — NORMANDIE ET CEINTURE OCCIDENTALE.

Caractéristiques. — Largement ouvert sur la mer, ce pays est bien arrosé. Il est couvert de riches cultures (*pays de Caux, plaine du Mans*)

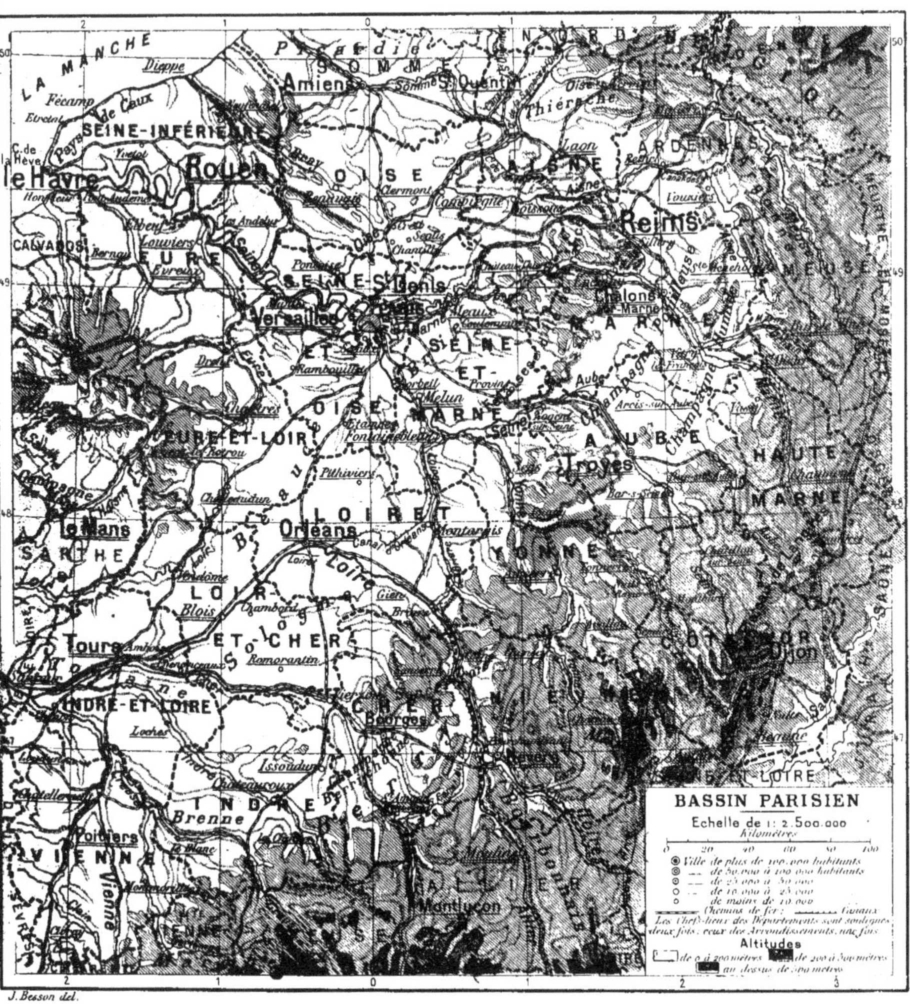

et de gras pâturages (*pays de Bray, vallée d'Auge*). Il fait beaucoup d'élevage (*chevaux percherons, chevaux normands de Caen*) et expédie en Angleterre des quantités de lait, beurre, fromage, œufs.

L'Estuaire de la Seine a favorisé le développement de ports importants comme : Le Havre, tête de ligne des paquebots pour l'Amérique; Rouen, qui dessert toute la région parisienne.

C'est aussi un pays industriel : Caen a du minerai de fer et des hauts-fourneaux, Rouen des tissages de coton, Elbeuf des fabriques de draps.

Départements. — *Seine-Inférieure,* chef-lieu **Rouen** (120,000 hab.). Beaux monuments, industries diverses : cotonnades, papeteries.

Le Havre (160,000 hab.). Grand port de commerce; *Dieppe,* port de pêche.

Le *Calvados,* chef-lieu *Caen,* vieilles églises, usines métallurgiques récentes, grand élevage de chevaux.

Lisieux, vieilles maisons en bois, dentelles; *Trouville,* plage célèbre.

L'*Orne,* chef-lieu *Alençon,* chevaux du Perche, dentelles.

Laigle, aiguilles.

La *Sarthe,* chef-lieu *Le Mans* (65,000 h.). Grand marché agricole; *La Flèche,* prytanée militaire.

Rouen (La Cathédrale).

Eglise St-Maclou de Rouen.

Réfectoire de la Trappe.

II. — CHAMPAGNE ET CEINTURE ORIENTALE.

Caractéristiques. — On distingue :

1° La *Champagne* humide qui s'appuie aux côtes de l'*Argonne*; pays argileux parsemé d'étangs ; bois et pâturages ;

2° La *Champagne pouilleuse,* sèche, crayeuse, qui se relève aux côtes de l'Ile-de-France en portant des vignobles renommés.

Son nom est presque immérité à présent, car grâce au travail de l'homme et à l'emploi judicieux des engrais, le sol a été amélioré : il porte déjà de riches moissons; les parties les plus maigres sont plantées de pins ;

3° *Les plateaux calcaires de Langres et de la Côte- d'Or,* au climat rude, au sol souvent ingrat.

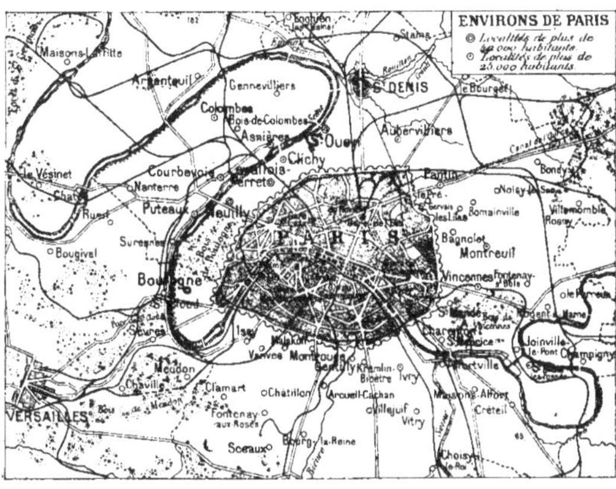

Départements. — La *Marne,* chef-lieu *Châlons-sur-Marne;* **Reims** (100,000 hab.), complètement détruite pendant la guerre et qui se relève à peine de ses ruines; tissages de laine, vins de Champagne; cathédrale incendiée par les Allemands.

Epernay, vins de Champagne.

La *Haute-Marne,* chef-lieu *Chaumont,* ganterie; *Langres,* ville forte; *Saint-Dizier,* industrie du fer.

Lisieux (vieilles maisons).

L'*Aube,* chef-lieu *Troyes* (50,000 hab.), bonneterie, vieilles églises.

L'*Yonne,* chef-lieu *Auxerre,* vignobles; *Sens,* cathédrale.

III. — L'ILE DE FRANCE.

Caractéristiques. — C'est le berceau de la nation française. L'unique domaine des Capétiens s'est peu à peu agrandi au cours des siècles grâce à l'action persévérante de nos rois.

On peut y distinguer :

1° *Les plateaux calcaires du Soissonnais* coupés par les vallées de l'*Oise* et de l'*Aisne;* terres à blé, prairies;

2° *Le plateau limoneux et fertile de la Brie,* qui produit en abondance le blé, la betterave, les plantes fourragères;

3° *Les plaines mamelonnées du Centre parisien;* cultures maraîchères, toutes les industries y sont pour ainsi dire représentées à cause de la forte attraction de Paris.

La Seine à Paris.

St-Cloud (vue générale).

Départements. — La *Seine,* chef-lieu **Paris,** 4 millions d'habitants avec sa banlieue. Paris draîne le commerce et l'industrie de toute la région mais s'adonne particulièrement aux in-

Le château de Versailles.

dustries de luxe. Ville d'art célèbre : musées, églises, palais et monuments de toutes sortes. La concentration excessive de toute la vie nationale dans une même ville est à la fois un grand avantage et un gros danger pour la France.

Seine-et-Oise, chef-lieu **Versailles,** ancienne résidence royale, château célèbre; *Rambouillet, Saint-Germain-en-Laye,* châteaux.

Seine-et-Marne, chef-lieu *Melun,* important marché au blé; *Fontainebleau,* forêt, château; *Meaux.*

L'*Oise,* chef-lieu *Beauvais,* tapis; *Compiègne,* château et forêt.

L'*Aisne,* chef-lieu *Laon; Saint-Quentin,* tissages, ville industrielle, à moitié détruite pendant la guerre; *Soissons* a également beaucoup souffert.

Palais de Fontainebleau.

IV. — PAYS DE LA LOIRE.

Caractéristiques. — Les pays de la Loire comprennent :

1° La *Beauce,* grand plateau calcaire particulièrement propre à la culture des céréales; il relie par transition insensible le bassin de la Seine au bassin de la Loire;

2° *La plaine du Berry* qui a des champs de céréales et de vastes pâturages (moutons). La Sologne marécageuse s'assèche peu à peu; elle est parsemée de bois de sapins; grand pays de chasse;

3° *La plaine du Poitou* qui relie le bassin parisien aux *Charentes;*

4° *Le plateau crayeux de Touraine,* coupé par la vallée de la Loire, vignobles renommés, châteaux célèbres.

Le château de Chambord.

Bourges. — Palais de Jacques-Cœur.

Départements. — La *Nièvre,* chef-lieu *Nevers,* faïences.

Le *Cher,* chef-lieu *Bourges,* cathédrale, fonderie de canons.

L'*Indre,* chef-lieu *Châteauroux.*

La *Vienne,* chef-lieu *Poitiers,* marché agricole; *Chatellerault,* coutellerie renommée.

L'*Indre,* chef-lieu *Tours* (60,000 hab.), vignobles, fruits, jardin de la France.

Loir-et-Cher, chef-lieu *Blois,* château célèbre; *Vendôme.*

Chenonceaux (Le château).

Loiret, chef-lieu *Orléans* (70,000 hab.), industries diverses, pâtit de ce que la Loire n'est pas navigable.

L'*Eure-et-Loir,* chef-lieu *Chartres,* cathédrale remarquable, important marché agricole.

QUESTIONNAIRE. — 1. *D'où vient le nom de bassin parisien?* 2. *Quelle est sa disposition générale?* 3. *Relations du bassin parisien avec les pays voisins.* 4. *Comment partage-t-on le bassin parisien?* 5. *Quelles sont les caractéristiques du pays normand?* 6. *Quels sont les départements de cette région?* 7. *Quelles sont les caractéristiques de la Champagne humide?* 8. *De la Champagne pouilleuse?* 9. *Des plateaux de Langres et de la Côte d'Or?* 10. *Départements de cette région?* 11. *Quelles sont les caractéristiques du Soissonnais?* 12. *De la Brie?* 13. *Du centre parisien?* 14. *Départements de cette région?* 15. *Quelles sont les caractéristiques de la Beauce?* 16. *De la plaine du Berry?* 17. *De la plaine du Poitou?* 18. *Du plateau de Touraine?* 19. *Départements de cette région.*

CHAPITRE XIII

REGION ARMORICAINE ET MASSIF CENTRAL

I. — REGION ARMORICAINE.

Caractéristiques. — La région armoricaine présente une forte unité due à son sol : granite et schistes (v. *Carte des terres émergées à l'époque primaire*).

Elle comprend :

1° La presqu'île de Bretagne, au sol granitique, au climat humide et doux. Les monts de Bretagne, en deux chaînons parallèles, dont la hauteur n'atteint pas 400 mètres, limitent : à l'intérieur un pays pauvre, autrefois couvert de forêts, qui ne porte guère à présent que de maigres cultures de seigle et de blé noir ainsi que des pâturages (*vaches de race bretonne, bonnes laitières*) ; à l'extérieur une bande de territoire qui fait le tour des côtes et qui constitue un riche pays (*ceinture dorée de la Bretagne*) : le sol s'enrichit sans cesse par l'apport des engrais marins (*goémon*), et le voisinage du courant d'eau chaude de l'Atlantique (*Gulf Stream*) entretient une température si douce qu'on y cultive des primeurs en pleine terre.

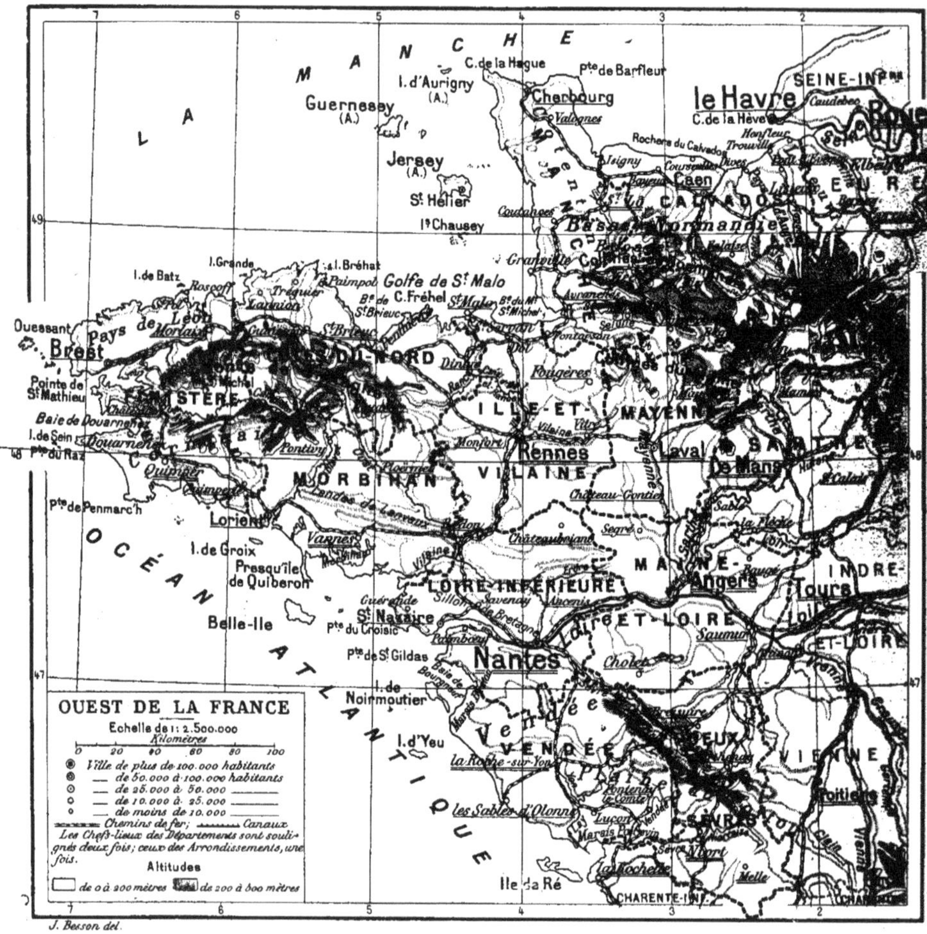

Les rivières s'ouvrent toutes dans la mer par des estuaires profonds qui forment autant de petits ports. Nombreuse population de pêcheurs. Ceux des côtes Nord s'adonnent à la pêche de la morue (*Terre-Neuve*) ; ceux du Sud pêchent la sardine.

Principaux ports de commerce : *Saint-Malo, Saint-Nazaire, Nantes.*

Ports de guerre : *Brest, Cherbourg, Lorient;*

2° La ceinture orientale, terrain schisteux qui avoisine le bassin parisien et participe déjà un peu de son climat tout en gardant la caractéristique humide de la Bretagne. C'est la région *des Bocages : Bocage vendéen, Bocage angevin, Bocage manceau, Bocage normand.* Ce qui fait la richesse de tous ces Bocages, c'est l'élevage (*alimentation de Paris en viande de boucherie*).

Une seule ville importante : *Rennes.*

Les Bretons forment une race énergique qui a conservé fortement son langage et ses traditions.

Départements. — *Ile-et-Vilaine,* chef-lieu **Rennes** (80,000 hab.). Ancienne capitale de la Bretagne, centre agricole.

Plougastel (Le calvaire).

Saint-Malo, port de pêche, plages courues dans le voisinage.

Côtes du Nord, chef-lieu *Saint-Brieuc*.

Finistère, chef-lieu *Quimper*; **Brest** (90,000 hab.), grand port militaire au fond d'une rade magnifique; *Douarnenez*, pêche de la sardine.

Mont St-Michel (Salle des Chevaliers).

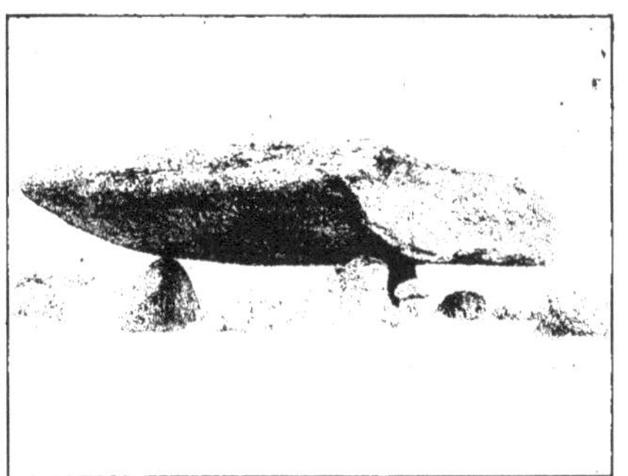

Dolmen de Locmariaquer.

Morbihan, chef-lieu *Vannes; Lorient*, port de guerre en voie de déclassement.

Loire Inférieure, chef-lieu **Nantes** (160,000 hab.), grand centre industriel, port de commerce; *Saint-Nazaire*, tête de ligne des paquebots pour l'Amérique centrale.

Nantes (Pont transbordeur).

Vendée, chef-lieu *La Roche-sur-Yon; Les Sables d'Olonne*, belle plage.

Deux-Sèvres, chef-lieu *Niort*, ganterie; *Saint-Maixent*, école militaire.

Angers (Château du Roi René).

Angers (Vue générale).

Maine-et-Loire, chef-lieu **Angers** (80,000 hab.), sur la *Maine*, ardoisières; centre agricole et industriel; *Cholet*, toiles; *Saumur*, vins blancs, école de cavalerie.

Mayenne, chef-lieu *Laval*, toiles, centre agricole.

Manche, chef-lieu *Saint-Lô; Cherbourg*, port de guerre, sert aussi d'escale aux transatlantiques.

Le Croisic (Marais salants).

II. — MASSIF CENTRAL.

Caractéristiques. — C'est un vaste plateau granitique surmonté de quelques pitons volcaniques. Le climat est rude en général. De nombreuses rivières y prennent leur source et s'éparpillent ensuite dans toutes les directions : c'est un centre de dispersion des eaux. Aussi l'a-t-on surnommé le château d'eau de la France. Pays pauvre, sauf quelques plaines fertiles comme la Limagne. La population émigre vers les grandes villes, notamment vers Paris (*Auvergnats, Limousins*). Sur le pourtour, quelques bassins houillers deviennent des foyers industriels (*Saint-Etienne, Le Creusot, Montluçon*).

Le Puy (Vue générale).

On peut y distinguer :

1° *Les Cévennes*. — Le bord oriental du massif central a été violemment relevé par la grande poussée des Alpes. On y trouve quelques hauts sommets : *Mézenc* (1,750 m.), *Mont-Lozère, Mont-Pilat, Gerbier-des-Joncs*. Cette chaîne s'abaisse brusquement sur la vallée du Rhône: deux grandes coupures, à Saint-Etienne et au Creusot. On en a profité pour y faire passer des lignes de chemins de fer (*Saint-Etienne à Rive-de-Gier, premier chemin de fer construit en France*) et un canal (*canal du Centre*). Ces dépressions contiennent aussi de la houille, c'est pourquoi l'industrie y est très florissante.

Au Nord, îlot granique et boisé du *Morvan;*

2° L'*Auvergne*. — Sous la poussée alpine, le centre du massif central s'est fracturé et une ligne de volcans, actuellement éteints à jalonné cette fracture (*ligne des puys*). Des dépressions ou bassins se sont établies dans les vallées de l'Allier et de la Loire. Ces plaines, formées de cendres volcaniques sont très riches (*Limagne*). Industrie des fruits confits, des pâtes alimentaires.

Nombreuses villes d'eaux : Le Mont-Dore, La Bourboule, Royat, Châtel-Guyon, Vichy, Saint-Nectaire;

Clermont-Ferrand.

3° *Le Limousin*, plateau granitique à l'Ouest, où l'on trouve de nombreux pâturages. Elevage intense, surtout depuis la guerre, dans les vallées bien arrosées. Malgré celà c'est un pays au sol assez pauvre (*châtaigneraies*). Industrie de la porcelaine (*Limoges*) ;

4° *Les Causses*, plateau calcaire, au Sud, profondément fissuré; vallées étroites; en dehors des vallées, le sol est sec, pauvre et ne peut guère servir qu'à l'élevage du mouton. Grottes célèbres.

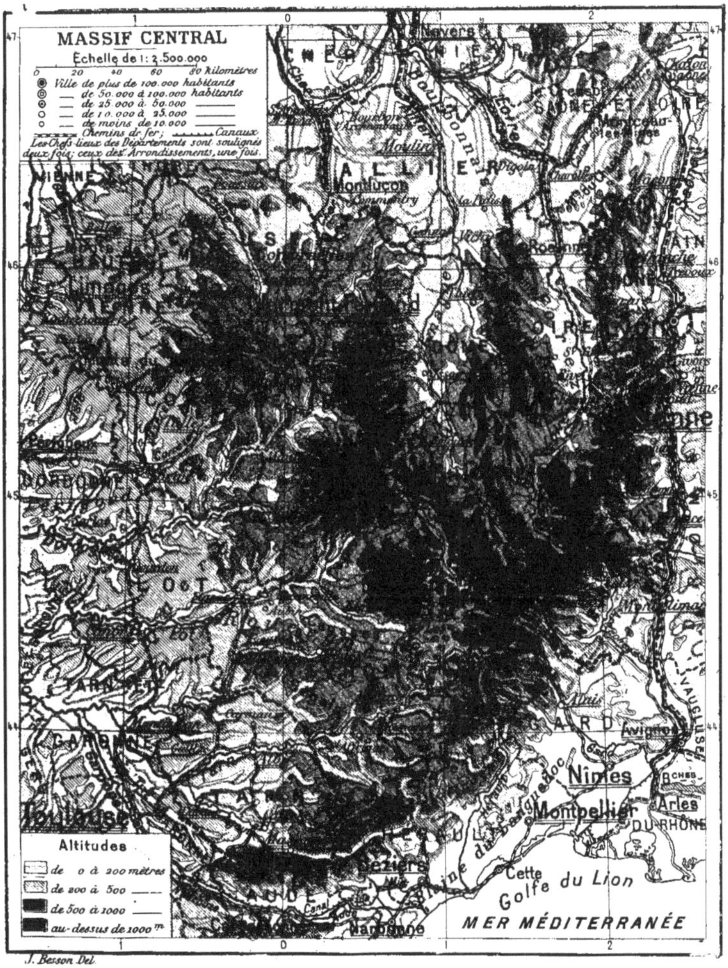

Départements. — *Allier*, chef-lieu *Moulins*; *Montluçon*, métallurgie; *Vichy*, importante ville d'eaux.

Puy-de-Dôme, chef-lieu *Clermont - Ferrand*, fruits, pâtes alimentaires, caoutchouc; *Thiers*, coutellerie.

Cantal, chef-lieu *Aurillac*, marché agricole, chaudronnerie; *Saint-Flour*, évêché.

Loire, chef-lieu **Saint-Etienne** (150,000 hab.). Grande cité industrielle, soieries, fabriques d'armes; *Roanne*, tissages; *Rive-de-Gier*, houille.

Haute-Loire, chef-lieu *Le Puy*, ville très pittoresquement bâtie.

Ardèche, chef-lieu *Privas*.

Lozère, chef-lieu *Mende*.

Aveyron, chef-lieu *Rodez*.

Corrèze, chef-lieu *Tulle*, broderies; *Brive*.

Creuse, chef-lieu *Guéret*; *Aubusson*, tapis.

Haute-Vienne, chef-lieu **Limoges** (90,000 hab.), porcelaine, centre agricole et industriel.

CHAPITRE XIV

BASSIN D'AQUITAINE. — PYRENEES. — LITTORAL MEDITERRANEEN

I. — BASSIN D'AQUITAINE.

Caractéristiques. — Encore un nom emprunté à la Géologie. Le golfe d'Aquitaine (v. *Carte des terres émergées à l'époque primaire*), en se desséchant, a donné naissance à une vaste plaine comprise entre le Massif central et les Pyrénées. Cette plaine est ouverte au Nord par le seuil du Poitou et au Sud-Est par le seuil de Naurouze (*passage du chemin de fer du Midi et du canal des Deux-Mers*).

Largement ouvert aux vents océaniques, ce pays a un climat maritime chaud et humide. Le sol, couvert d'un limon fertile, produit en abondance les céréales, les fruits, la vigne. Malheureusement, cette belle et riche contrée se dépeuple de façon continue.

On distingue :

1° Une suite de plateaux en bordure du Massif central (*Quercy, Périgord*), terminée par les plaines des *Charentes*.

Plateaux calcaires, secs, propices à l'élevage du mouton; ils sont coupés de vallées profondes où l'on trouve de nombreux vestiges des hommes préhistoriques.

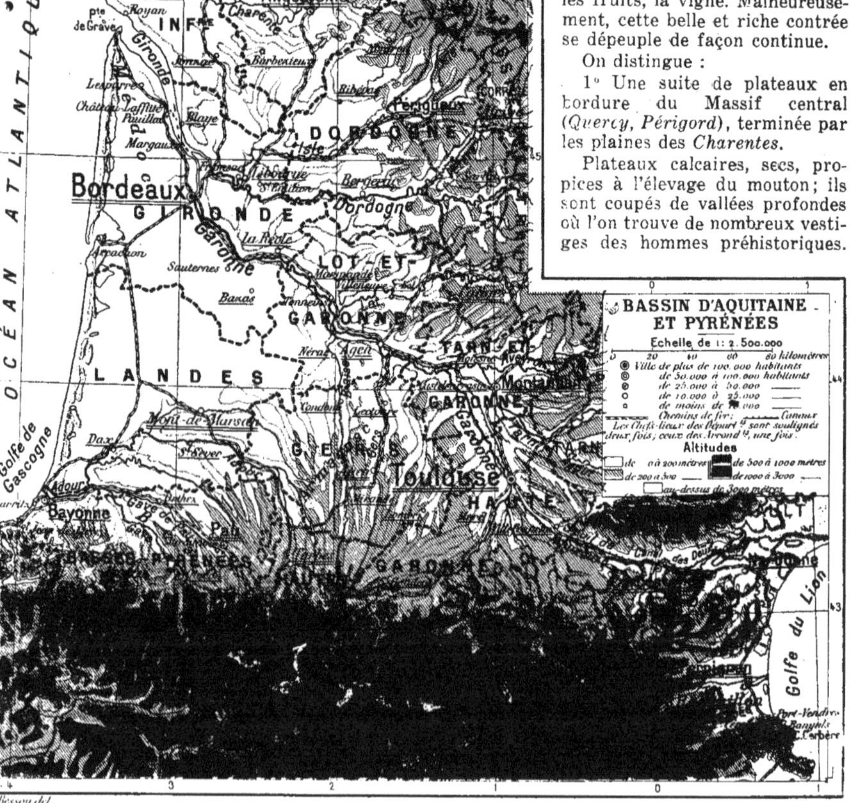

J. Besson del.

Albi (Cathédrale).

Les plaines des Charentes sont couvertes de vignes et de beaux vergers;

2° La vallée de la Garonne qui occupe le fond de l'ancien golfe comblé par les alluvions du fleuve. Elle est étranglée près d'Agen de façon à séparer le bassin *toulousain* du bassin *bordelais*. C'est la partie la plus riche de tout le

Gorges du Tarn (Les Détroits).

Cahors (Le pont Valentré)

bassin d'Aquitaine : céréales de la plaine de Toulouse; célèbres vignobles du Bordelais;

3° Les plateaux du Sud (*plateau de Lannemezan* qui se prolonge par le plateau d'*Armagnac*), et à l'Ouest la plaine des Landes (*étangs, forêts de pins*).

Départements. — *Charente Inférieure*, chef-lieu *La Rochelle; Rochefort*, port de guerre; *Saintes*.

Charente, chef-lieu *Angoulême*, papeteries, marché agricole; *Cognac*, eaux-de-vie.

Le val d'Enfer (Bagnères-de-Luchon).

Le Tarn au-dessus de Ste-Eugénie.

Dordogne, chef-lieu *Périgueux,* truffes, marché agricole.

Lot, chef-lieu *Cahors.*

Les *Eyzies,* grottes célèbres, petite capitale des souvenirs préhistoriques.

Tarn, chef-lieu *Albi,* cathédrale; *Mazamet,* draps.

Toulouse (Le Capitole).

Haute-Garonne, chef-lieu **Toulouse** (150,000 hab.) ancienne capitale, ville industrielle, marché agricole, monuments célèbres; *Bagnères-de Luchon,* ville d'eaux.

Tarn-et-Garonne, chef-lieu *Montauban.*

Lot-et-Garonne, chef-lieu *Agen.*

Rocamadour.

Gironde, chef-lieu **Bordeaux** (260,000 hab.), grand port de commerce, centre industriel, marché des vins; *Libourne; Arcachon,* ville de tourisme.

Landes, chef-lieu *Mont-de-Marsan; Dax,* ville d'eaux.

Gers, chef-lieu *Auch,* cathédraie.

Les quais de Bordeaux.

II. — LES PYRENEES.

Caractéristiques. — La région des Pyrénées, entièrement montagneuse, sauf la petite plaine du Roussillon, à l'Est, forme comme une barrière infranchissable entre la France et l'Espagne, sauf à ses deux extrémités où passent routes et chemins de fer. Les cols, rares et élevés, n'entament pour ainsi dire pas cette muraille.

On est cependant en train de construire d'autres lignes transpyrénéennes; mais d'importants tunnels sont nécessaires.

Le climat est âpre, humide sur le versant français (sauf dans la partie orientale). Région difficilement accessible, divisée en un grand nombre de *cirques* (petits bassins) et coupée d'étroites vallées où coulent des torrents (*Gaves*).

La population est pauvre et rare. Dans la montagne, elle vit d'élevage (*chèvres, moutons, mulets*) ; dans la plaine du Roussillon de la culture de la vigne. Sa principale ressource lui vient des eaux thermales (*Luchon, Bagnères,*

Luchon (Cascade de Sidonie).

Cauterets, etc.) qui attirent pendant la saison d'été de nombreux baigneurs attirés autant par la beauté des sites que par la qualité des eaux.

En ces derniers temps, les chutes d'eaux des torrents ont provoqué la création de nombreuses usines électriques.

On distingue :

A l'Ouest les *Pyrénées Occidentales* au climat humide et doux qui attire de nombreux visiteurs. (Pau, Côte d'Argent.)

A l'Est les *Pyrénées Orientales*, beaucoup moins humides, où l'on cultive la vigne, les arbres fruitiers et les céréales.

Au milieu, les *Pyrénées Centrales*, muraille de 300 km. de long; région des pâturages, des eaux minérales et des usines hydro-électriques.

Départements. — *Pyrénées Orientales*, chef-lieu *Perpignan* (40,000 hab.), marché agricole, vins; *Port-Vendres*, port sur la Méditerranée.

Ariège, chef-lieu *Foix*; *Pamiers*, évêché.

Hautes-Pyrénées, chef-lieu *Tarbes*, chevaux; *Bagnères-de-Bigorre*, *Cauterets*, villes d'eaux; *Lourdes*, pélerinage très fréquenté.

Basses-Pyrénées, chef-lieu *Pau* (40,000 hab.), station hivernale; *Bayonne*, port, place forte; *Biarritz*, plage mondaine.

III. — LE LITTORAL MEDITERRANEEN.

Caractéristiques. — Ce qui fait l'unité de cette région, c'est son climat : étés chauds et secs, hivers cléments, ciel bleu, végétation des pays chauds. C'est un coin d'Afrique transporté en France.

L'Aude (Défilé St-Georges).

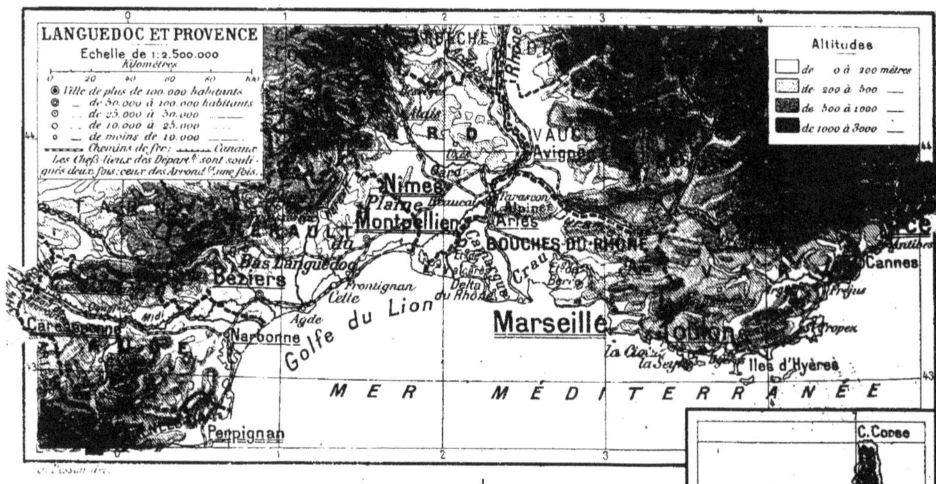

On y distingue :

1° Le *Languedoc.* — Côte basse formée d'alluvions apportées par les torrents des Cévennes. Lagunes en bordure formant des marais salants. Plaines couvertes de vignes. Premières pentes des Cévennes, au sol maigre et caillouteux, ne pouvant guère nourrir que des moutons. Forêts de châtaigniers.

La plaine du Languedoc se continue par la plaine de la *Camargue* (*delta du Rhône*) et la plaine de la *Crau.* Toutes deux primitivement infertiles mais en voie de sérieuse amélioration.

Un seul port, d'ailleurs artificiel : *Cette;*

2° La *Provence.* — Côte rocheuse, très découpée; massif granitique des *Maures et de l'Esterel.* Plages célèbres, bien abritées et recevant en hiver des touristes du monde entier : *Nice, Cannes,* etc. C'est la célèbre *Côte d'Azur.*

Paysage de rêve en plein hiver : ciel bleu, mer bleue, végétation luxuriante. On cultive d'immenses champs de fleurs pour les distilleries de parfums. Forêts d'oliviers fournissant une huile renommée. Industries de transformation des produits tropicaux (*savonneries de Marseille*). Constructions maritimes (*La Seyne, La Ciotat*).

Port de commerce : *Marseille,* tête de ligne des paquebots pour l'*Algérie,* la *Chine* et le *Japon.*

Port militaire : *Toulon.*

L'île de *Corse,* par son climat chaud et sec, appartient tout à fait au littoral méditerranéen. C'est la même végétation : orangers et citronniers sur la côte; oliviers et vignes sur les premières pentes; châtaigniers, pins, chênes verts sur les sommets.

Pays montagneux et pauvre en général, mais qui commence à retenir les touristes par son ciel idéal et ses beautés pittoresques de premier ordre.

Nîmes (Les arènes).

Carcassonne.

Départements.—*Aude,* chef-lieu *Carcassonne,* forteresse du Moyen âge bien conservée, au débouché du seuil de *Naurouze; Narbonne,* vins.

Pont du Gard.

Nimes (Maison Carrée).

Nice (Le Port).

Hérault, chef-lieu **Montpellier** (80,000 hab.), université; *Béziers,* vins; *Cette,* port de commerce.

Gard, chef-lieu **Nîmes** (80,000 hab.), antiquités romaines; *Alais,* bassin houiller.

Bouches-du-Rhône, chef-lieu **Marseille** (550 mille hab.), notre premier port de commerce, centre industriel, huiles et savons; *Aix,* ancienne capitale de la Provence; *Arles,* antiquités romaines.

Var, chef-lieu *Draguignan; Toulon,* notre premier port de guerre; *La Seyne,* constructions maritimes.

Alpes Maritimes, chef-lieu **Nice** (150,000 hab.), huiles et parfums, capitale du tourisme de la *Côte d'Azur; Grasse,* fleurs et parfums; *Cannes; Hyères,* ville d'hiver.

Avignon (Le Palais des Papes).

Corse, chef-lieu *Ajaccio*, patrie de Napoléon Ier, résidence d'hiver; *Bastia*.

Bastia (Le Port).

Vaucluse, chef-lieu *Avignon* (50,000 hab.), marché agricole, château des papes; *Orange*, antiquités romaines.

QUESTIONNAIRE. — 1. *Que savez-vous de la situation du bassin d'Aquitaine, et comment communique-t-il avec le bassin parisien et avec le littoral méditerranéen?* 2. *Quel est son climat? Ses productions?* 3. *Quel est le fléau de ce riche pays?* 4. *Que savez-vous du plateau du nord?* 5. *De la vallée de la Garonne?* 6. *Du plateau du sud?* 7. *Des plaines bordant la mer?* 8. *Dites ce que vous savez des départements du bassin d'Aquitaine.* 9. *Quelles sont les caractéristiques de la région des Pyrénées?* 10. *Qu'est-ce qui fait la richesse de ce pays?* 11. *Comment partage-t-on la région des Pyrénées?* 12. *Citez les départements de la région des Pyrénées.* 13. *Qu'est-ce qui fait l'unité de la région méditerranéenne?* 14. *Quelles sont les caractéristiques du Languedoc?* 15. *De la Camargue et de la Crau?* 16. *De la côte de Provence?* 17. *De la Corse?* 18. *Départements de cette région?*

CHAPITRE XV

LES ALPES. — LE JURA. LE SILLON RHONE-SAONE

I. — LES ALPES.

Caractéristiques. — Les *Alpes françaises* ne sont qu'une partie du grand massif alpestre qui se prolonge dans le centre de l'Europe. On y trouve le plus haut sommet de l'Europe, le Mont-Blanc (4,810 m.). Les Alpes de Savoie et les Alpes du Dauphiné sont humides et bien arrosées. On y trouve de beaux pâturages qui permettent l'élevage du gros bétail. Elles sont couvertes de forêts à la base et présentent des sommets couverts de neiges éternelles.

Les Alpes de Provence sont sèches, ravinées par les torrents, presque nues; elles ne permettent guère que l'élevage du mouton; cependant, depuis quelques années, elles offrent à l'agriculteur une ressource nouvelle dans la culture des plantes médicinales.

Fontaine de Vaucluse.

Route de Castellane à Menton.

Ce qui caractérise la région des Alpes, c'est l'étagement de ses cultures. A la base et dans les vallées abritées (*par exemple dans la riche vallée du Graisivaudan*) on trouve la vigne et les arbres fruitiers; sur les premières pentes sont les prairies; plus haut les forêts de pins et de sapins; plus haut encore les mélèzes et enfin les neiges éternelles. Les troupeaux vivent en plein air jusqu'à l'automne époque à laquelle ils rentrent à l'étable.

J. Besson del.

Les Alpes françaises ne le cèdent pas aux Alpes suisses pour la beauté de leurs sites (glaciers, lacs, vallées). Elles commencent à être visitées assidûment par les touristes.

Près du lac de Genève sont des villes d'eaux fréquentées : *Evian, Thonon, Aix-les-Bains.*

LECTURE. — **La Grande-Chartreuse.** — Quand du sommet du *Grand-Som* ou du haut du *Grand-Couloir*, on promène ses regards sur les cimes qu'on a sous ses pieds, et qu'entoure en demi-cercle la riante et fertile vallée du *Graisivaudan*, on aperçoit une mer de verdure qui s'étale sur les flancs des montagnes. Partout où les détritus des plantes ont fourni quelques centimètres de terre végétale, une forêt de hêtres, de sapins et de mélèzes a pris possession du terrain; elle pénètre dans toutes les fissures, dentèle le ciel avec les flèches des arbres qui se profilent sur les sommets les plus élevés, s'accroche aux moindres saillies et court sur les corniches du rocher en traçant une trace verte sur le fond grisâtre de la muraille à pic. Sous le couvert des sapins et des mélèzes végète un fouillis de sorbiers, d'aunes rampants, de viornes, de sureaux, d'airelles et de toute cette multitude d'arbustes et d'arbrisseaux dont la flore alpestre est si bien pourvue. Parfois des taches d'un vert moins sombre trouent le massif ou frangent la lisière supérieure de la forêt, jusqu'au pied de l'escarpement rocheux : ce sont des prairies pourvues d'un chalet, où, pendant l'été, vont pâturer les vaches du couvent.

(Jules Clavé, *Le reboisement des Alpes.* — Revue des Deux Mondes, 1881.)

Chamonix (l'Eglise).

Le pays se dépeuple. Toutefois l'aménagement des chutes d'eau a amené la création d'industries nouvelles et a arrêté l'exode vers la plaine.

Grande Chartreuse (Route du Désert).

Départements. — *Haute-Savoie,* chef-lieu *Annecy,* lac enchanteur.

Savoie, chef-lieu *Chambéry,* ancienne capitale de la province de ce nom.

Isère, chef-lieu **Grenoble** (80,000 hab.), ancienne capitale du Dauphiné; centre industriel, ganterie, ville d'université; *Vienne,* antiquités romaines; *Voiron,* centre industriel.

Hautes-Alpes, chef-lieu *Gap; Briançon,* la ville la plus élevée de France, place forte.

Basses-Alpes, chef-lieu *Digne.*

II. — JURA.

Caractéristiques. — Le **Jura** est une région montagneuse constituée par une série de plissements s'étageant de l'Ouest à l'Est.

Les premières pentes au-dessus de la plaine de la Saône sont couvertes de vignobles renommés (*Arbois, Poligny*). On y trouve aussi du sel (*Lons-le-Saulnier*).

Les plateaux qui viennent ensuite offrent des pâturages semés de bouquets de bois (*prés-bois*) qui nourissent de nombreux troupeaux. Les associations de producteurs de lait (*fruitières*) fabriquent un *gruyère* renommé. Ces plateaux calcaires sont très perméables. L'eau des pluies s'infiltre dans le sol et ressort par des sources abondantes (l'*Ain,* la *Loue*).

Besançon (Vue générale).

La *Montagne* constitue le dernier échelon avant la frontière suisse. Le sommet le plus élevé est le *Crêt de la Neige* (1,700 m.). C'est le domaine des bois de sapins (*nombreuses scie-*

ries). Pendant l'hiver qui est long et rigoureux, les habitants s'adonnent à toutes sortes de petites industries (*bimbeloterie de St-Claude, Morez*). Dans tout le Jura, on se livre d'ailleurs à la fabrication de l'horlogerie (*Besançon, Morteau*).

Départements. — Doubs, chef-lieu **Besançon** (60,000 hab.), centre de l'industrie horlogère, place forte; *Montbéliard*, centre industriel; *Pontarlier.*

Jura, chef-lieu *Lons-le-Saulnier*, sources salées; *Saint-Claude*, pipes, jouets en bois, etc.; *Dôle.*

Ain, chef-lieu *Bourg*, marché agricole.

III. — SILLON RHONE-SAONE.

Caractéristiques. — Encore un souvenir géologique. Le *golfe méditerranéen* (v. carte des terres émergées à l'époque primaire) n'est qu'un sillon étroit qui, en s'asséchant a donné naissance à la plaine au fond de laquelle coulent la Saône et le Rhône.

La plaine de la Saône communique avec la plaine d'Alsace par la trouée de Belfort, avec le plateau lorrain par le seuil de Lorraine, avec le bassin parisien par le seuil de Bourgogne. On y distingue la plaine limoneuse et fertile de la *Bresse* (*poulardes de Bresse*) et la plaine glaciaires (*constituée par les dépôts des anciens glaciers*) des *Dombes* parsemée d'étangs que l'on dessèche de temps à autre pour les livrer à la culture.

La plaine de la Saône se relève au Nord par les plateaux calcaires de la Haute-Saône, et à l'Ouest par les plateaux de Bourgogne dont les pentes portent des vignobles célèbres (*Beaune*).

La plaine du Rhône est formée d'alluvions et serait assez fertile si la sécheresse ne se faisait sentir de plus en plus à mesure que l'on avance vers le Sud. De grands travaux sont projetés pour irriguer cette plaine, grâce à des saignées prises sur le Rhône. Le terrible *Mistral*, qui souffle en tempête une grande partie de l'année, vient aussi dessécher les cultures que l'on protège tant bien que mal par des rideaux d'arbres.

La vallée du Rhône est une région de passage, aux communications faciles. C'est ce qui a fait la prospérité de Lyon, grand centre industriel, mais surtout capitale de l'industrie de la soie.

Départements. — *Haute-Savoie*, chef-lieu *Vesoul*, centre agricole; *Gray*, meunerie.

La Perte du Rhône.

Ancien palais des ducs de Bourgogne, à Dijon.

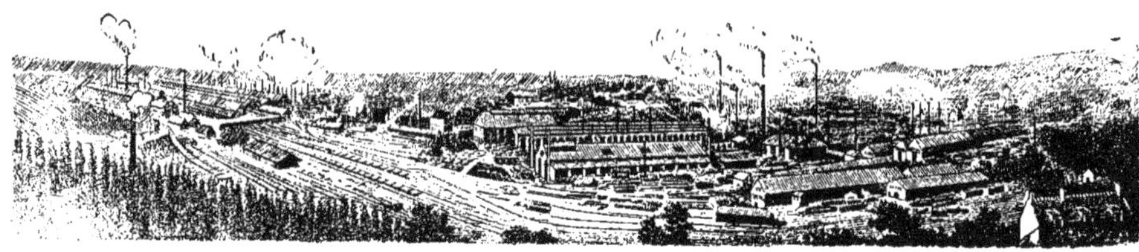

Le Creusot.

Côte-d'Or, chef-lieu **Dijon** (80,000 hab.), ancienne capitale de la Bourgogne, ville commerçante : moutarde, cassis; *Beaune*, vins.

Saône-et-Loire, chef-lieu *Mâcon*, vins; *Châlons-sur-Saône*, centre industriel; *Le Creusot*, métallurgie; *Montceaux-les-Mines*, houille; *Autun*, vieille ville romaine.

Rhône, chef-lieu **Lyon** (500,000 hab.), grand centre industriel, soieries, produits chimiques; *Villefranche-sur-Saône*, blanchisseries; *Tarare*, centre industriel.

Drôme, chef-lieu *Valence*, soieries; *Romans*, draps.

QUESTIONNAIRE. — 1. *Quelle est la situation des Alpes?* 2. *Quelle différence y a-t-il entre les Alpes de Provence et les Alpes de Savoie ou du Dauphiné?* 3. *Montrez l'étagement des cultures.* 4. *Quelles sont les ressources agricoles et industrielles des Alpes?* 5. *Quels sont les départements des Alpes?* 6. *Quelles sont les caractéristiques des trois régions du Jura?* 7. *Quelles sont les ressources agricoles et industrielles du Jura?* 8. *Quels sont les départements du Jura?* 9. *Qu'était le sillon Rhône-Saône avant d'être asséché* (v. *Carte*)? 10. *Comment la plaine de la Saône communique-t-elle avec les régions voisines?* 11. *Comment pourriez-vous imiter les plissements du Jura?* 12. *Qu'est-ce qui borde la plaine de la Saône au nord et à l'ouest?* 13. *Quelles sont les caractéristiques de la plaine du Rhône?* 14. *Quels sont les départements du sillon Rhône-Saône?*

4e PARTIE — LA FRANCE POLITIQUE ET ÉCONOMIQUE

CHAPITRE XVI

LA FRANCE ADMINISTRATIVE

Formation de l'unité territoriale de la France. — La Gaule avait des frontières naturelles. Elle s'étendait entre le Rhin, les Alpes, la mer et les Pyrénées. C'était un pays facile à défendre. L'empire de Charlemagne, en reculant les frontières de la Gaule, au delà du Rhin et des Pyrénées, avait encore écarté la possibilité d'une invasion. Mais le néfaste traité de **Verdun** (843), qui morcelait l'empire en trois royaumes, en établissant des limites purement conventionnelles entre la France et la Germanie, engendra dix siècles de luttes et de discordes. Bien plus, le royaume de France, sous les coups des *Normands*, ne tarda pas à se morceler en une multitude de petits Etats, *fiefs* dépendant du pouvoir royal à l'origine, plus ou moins indépendants par la suite, si bien que Hugues Capet ne régnait plus que sur l'Ile-de-France et l'Orléanais.

Aux Capétiens et à leurs successeurs s'imposa la lourde tâche de reconstituer peu à peu l'unité territoriale de la France, de façon à lui donner de nouveau ses frontières naturelles. Province par province, grâce à des héritages, à des mariages ou à des guerres heureuses, ils vinrent à bout de ce formidable travail, aidés en cela par leurs premiers ministres dont quelques-uns furent des hommes remarquables. Nous ne pouvons que nous incliner devant cette œuvre des siècles qui nous ont précédés. Et nous nous félicitons aujourd'hui de constater que la France est le pays le plus homogène de toute l'Europe.

Les anciennes provinces. — L'ancienne France était divisée en **33 provinces** qui correspondaient pour la plupart aux grandes divisions féodales et en général aux régions naturelles du sol. Chaque province avait sa petite *capitale*. Même réunie à la couronne, elle n'en conservait pas moins, avec ses vieilles coutumes, son caractère original et sa physionomie particulière. Nous donnons ci-après la carte des anciennes provinces. Il sera bon de la consulter fréquemment en étudiant l'Histoire de France.

Les départements. — L'assemblée Constituante, en 1790, voulant établir l'égalité et l'unité de toutes les parties de la France, divisa artificiellement le territoire en départements. L'administration départementale a été organisée par Bonaparte, sous le Consulat. Chaque département est administré par un *Préfet* assisté d'un *Conseil Général* élu.

Le département est divisé en *arrondissements*, l'arrondissement en *cantons* et le canton en *communes*.

On compte actuellement 89 départements dont nous donnons le tableau d'autre part.

FRANCE
ANCIENNES PROVINCES
Echelle de 1: 5.000.000
Kilomètres
0 50 100 150 200
Limites de la France en 1789
» des Gouvernements
» actuelles de la France
» des départements actuels
Chef-lieu de grand Gouvernement
» de petit Gouvernement
MANCHE
OCÉAN
ATLANTIQUE
Golfe de Gascogne
Golfe du Lion
MER
MÉDITERRANÉE
ESPAGNE
NAVARRE
Pas de Calais
Boulogne
Arras
ARTOIS
Bruxelles
Liège
Rouen
le Havre
Amiens
PICARDIE
Paris
Orléans
Angers
Tours
Poitiers
Bourges
Moulins
BOURBONNAIS
Dijon
Troyes
Rennes
Belle-Ile
I. de Noirmoutier
I. d'Yeu
I. de Ré
I. d'Oléron
La Rochelle
Saintes
Bordeaux
GIRONDE
LANDES
GASCOGNE
Toulouse
TARN
AVEYRON
LOT
DORDOGNE
CORRÈZE
CHARENTE
VENDÉE
INDRE
CHER
YONNE
LOIRE-INFÉRIEURE
MAINE-ET-LOIRE
INDRE-ET-LOIRE
SAÔNE-ET-LOIRE
CÔTE-D'OR
SEINE-ET-MARNE
MARNE
ARDENNES
SOMME
CALVADOS
MANCHE
ORNE
EURE
MORBIHAN
CÔTES-DU-NORD
Jersey
Guernesay
Aurigny
Avignon
BOUCHES-DU-RHÔNE
Iles d'Hyères
AUDE
Ebre

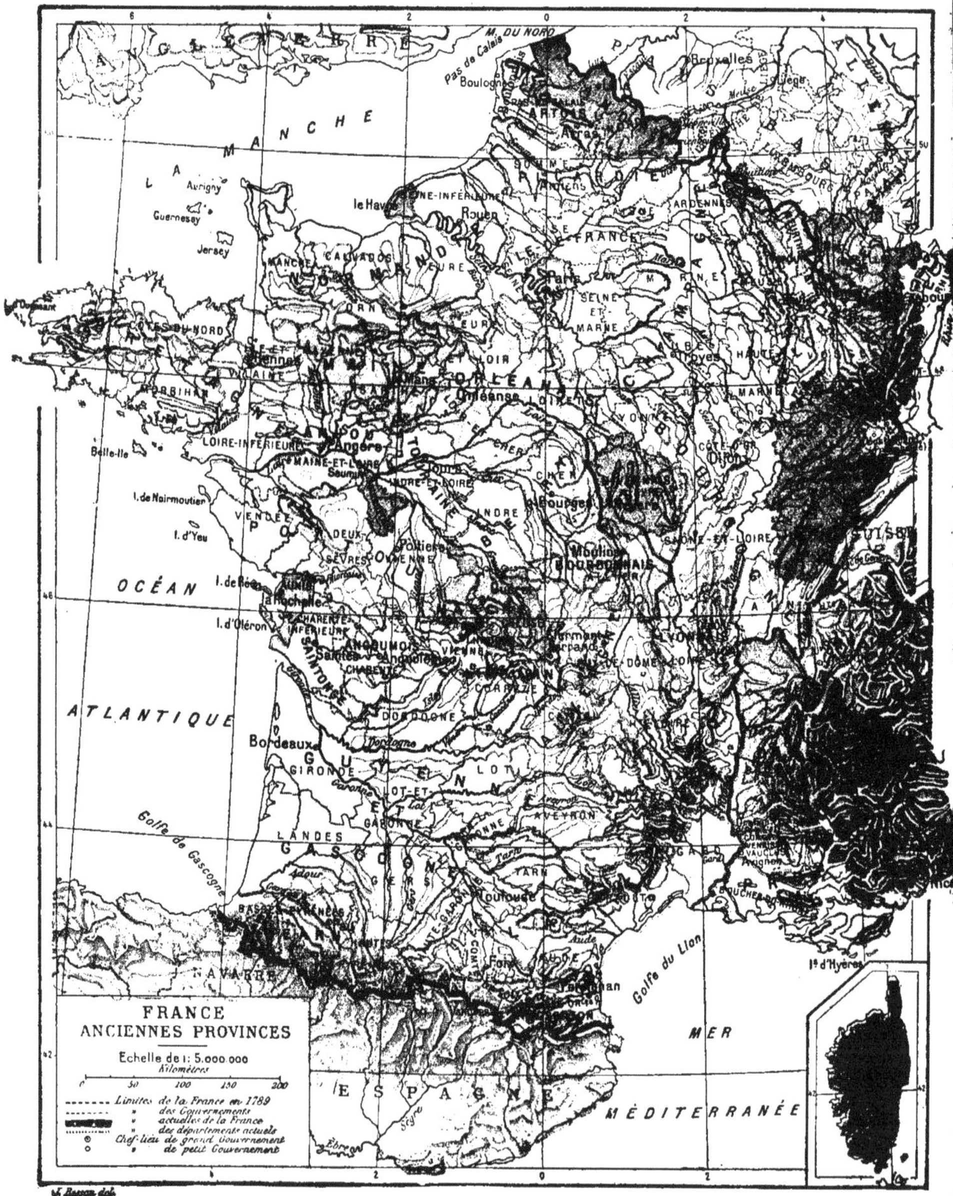

J. Besson del.

TABLEAU DES DÉPARTEMENTS FRANÇAIS

ANCIENNES PROVINCES.	DÉPARTEMENTS FORMÉS.	CHEFS-LIEUX DES DÉPARTEMENTS.	SOUS-PRÉFECTURES *Principales villes.*
			Au Nord.
Flandre	**Nord.**	LILLE.	Dunkerque, Hazebrouck, Douai, Cambrai, Valenciennes, Avesnes, *Roubaix*, *Tourcoing*, *Maubeuge*.
Artois	**Pas-de-Calais.**	ARRAS.	St-Omer, Boulogne, Béthune, Montreuil, St-Pol.
Picardie	**Somme.**	AMIENS.	Doullens, Abbeville, Péronne, Montdidier.
Ile-de-France	**Seine.**	PARIS.	»
	Seine-et-Oise.	VERSAILLES.	Pontoise, Mantes, Rambouillet, Corbeil, Étampes, *St-Germain*.
	Seine-et-Marne.	MELUN.	Meaux, Coulommiers, Provins, Fontainebleau.
	Oise.	BEAUVAIS.	Clermont, Compiègne, Senlis.
	Aisne.	LAON.	Saint-Quentin, Vervins, Soissons, Château-Thierry.
			A l'Ouest.
Normandie	**Seine-Inférieure.**	ROUEN.	Dieppe, Neufchâtel, Yvetot, Le Havre.
	Eure.	ÉVREUX.	Pont-Audemer, Les Andelys, Louviers, Bernay.
	Orne.	ALENÇON.	Argentan, Domfront, Mortagne, Laigle.
	Calvados.	CAEN.	Bayeux, Pont-l'Évêque, Lisieux, Falaise, Vire.
	Manche.	SAINT-LÔ.	Cherbourg, Valognes, Coutances, Avranches, Mortain.
Bretagne	**Ille-et-Vilaine.**	RENNES.	Saint-Malo, Fougères, Montfort, Vitré, Redon.
	Côtes-du-Nord.	SAINT-BRIEUC.	Lannion, Guingamp, Dinan, Loudéac.
	Finistère.	QUIMPER.	Morlaix, Brest, Châteaulin, Quimperlé, *Douarnenez*.
	Morbihan.	VANNES.	Pontivy, Ploërmel, Lorient.
	Loire-Inférieure.	NANTES.	Châteaubriant, Ancenis, Saint-Nazaire, Paimbœuf.
Maine et *Perche*	**Sarthe.**	LE MANS.	Mamers, Saint-Calais, La Flèche.
	Mayenne.	LAVAL.	Mayenne, Château-Gontier.
Anjou	**Maine-et-Loire.**	ANGERS.	Segré, Baugé, Saumur, Cholet.
			Au Nord-Est.
Champagne	**Ardennes.**	MÉZIÈRES.	Rocroi, Sedan, Rethel, Vouziers.
	Marne.	CHALONS-SUR-MARNE.	Reims, Epernay, Ste-Menehould, Vitry-le-François.
	Aube.	TROYES.	Arcis-s.-Aube, Nogent-s.-Seine, Bar-s.-Aube, Bar-s.-Seine.
	Haute-Marne.	CHAUMONT.	Vassy, Langres, *St-Dizier*.
Lorraine	**Meuse.**	BAR-LE-DUC.	Montmédy, Verdun, Commercy.
	Meurthe-et-Moselle.	NANCY.	Briey, Toul, Lunéville, *Pont-à-Mousson*, *Longwy*.
	Vosges.	ÉPINAL.	Neufchâteau, Mirecourt, Saint-Dié, Remiremont.
	Moselle.	METZ.	Thionville, Forbach, Sarreguemines, Château-Salins, Sarrebourg, Boulay.
Alsace	**Bas-Rhin.**	STRASBOURG.	Wissembourg, Saverne, Sélestat, Erstein, Haguenau, Molsheim.
	Haut-Rhin.	COLMAR.	Mulhouse, Altkirch, Thann, Ribeauvillé, Guebviller.
	Territoire de Belfort	BELFORT.	»
Franche-Comté	**Haute-Saône.**	VESOUL.	Lure, Gray.
	Doubs.	BESANÇON.	Montbéliard, Baume-les-Dames, Pontarlier, *Morteau*.
	Jura.	LONS-LE-SAUNIER.	Dôle, Poligny, Saint-Claude, *Morez*.
Bourgogne	**Yonne.**	AUXERRE.	Sens, Joigny, Tonnerre, Avallon.
	Côte-d'Or.	DIJON.	Châtillon-sur-Seine, Semur, Beaune.
	Saône-et-Loire.	MACON.	Autun, Chalon-sur-Saône, Louhans, Charolles, *Le Creusot*.
	Ain.	BOURG.	Gex, Nantua, Trévoux, Belley.
			Au Centre.
Touraine	**Indre-et-Loire.**	TOURS.	Chinon, Loches.
Orléanais	**Loiret.**	ORLÉANS.	Pithiviers, Montargis, Gien.
	Eure-et-Loir.	CHARTRES.	Dreux, Nogent-le-Rotrou, Châteaudun.
	Loir-et-Cher.	BLOIS.	Vendôme, Romorantin.
Berry	**Cher.**	BOURGES.	Sancerre, Saint-Amand.
	Indre.	CHATEAUROUX.	Issoudun, Le Blanc, La Châtre.
Nivernais	**Nièvre.**	NEVERS.	Cosne, Clamecy, Château-Chinon.
Bourbonnais	**Allier.**	MOULINS.	Montluçon, La Palisse, Gannat, *Vichy*.
Auvergne	**Puy-de-Dôme.**	CLERMONT-FERRAND.	Riom, Thiers, Issoire, Ambert.
	Cantal.	AURILLAC.	Mauriac, Murat, Saint-Flour.
Marche	**Creuse.**	GUÉRET.	Boussac, Bourganeuf, Aubusson.
Limousin	**Haute-Vienne.**	LIMOGES.	Bellac, Rochechouart, Saint-Yrieix.
	Corrèze.	TULLE.	Ussel, Brive.

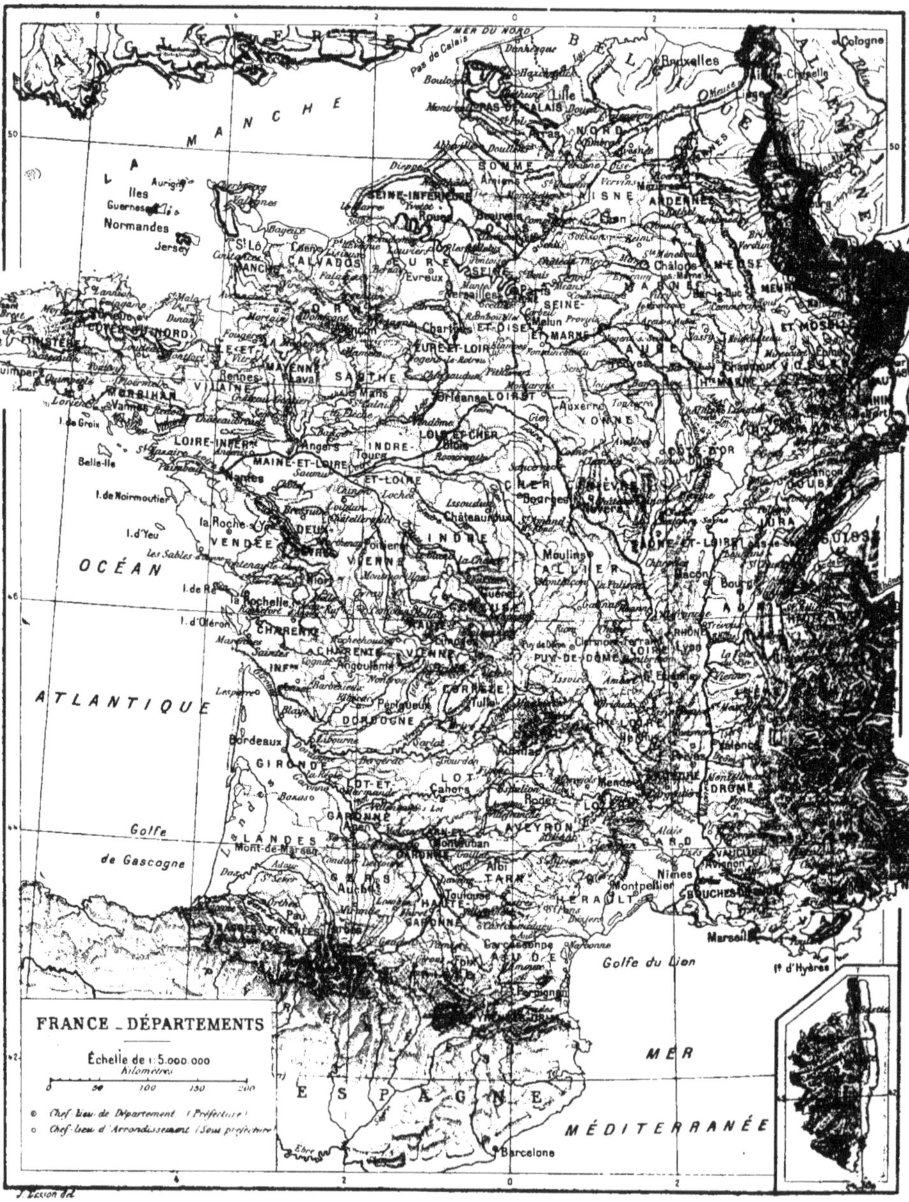

FRANCE – DÉPARTEMENTS

Échelle de 1:5.000.000
Kilomètres
0 50 100 150 200

◎ Chef-lieu de Département (Préfecture)
○ Chef-lieu d'Arrondissement (Sous-préfecture)

ANCIENNES PROVINCES.	DÉPARTEMENTS FORMÉS.	CHEFS-LIEUX DES DÉPARTEMENTS.	SOUS-PRÉFECTURES. *Principales villes.*
		Au Sud-Ouest.	
	Vienne.	POITIERS.	Loudun, Châtellerault, Montmorillon, Civray.
Poitou	**Deux-Sèvres.**	NIORT.	Bressuire, Parthenay, Melle, *Saint-Maixent.*
	Vendée.	LA ROCHE-SUR-YON.	Les Sables-d'Olonne, Fontenay-le-Comte.
Aunis et *Saintonge*	**Charente-Inférieure**	LA ROCHELLE.	Rochefort, Saint-Jean-d'Angely, Marennes, Saintes, Jonzac.
Augoumois	**Charente.**	ANGOULÊME.	Ruffec, Confolens, Cognac, Barbezieux.
	Gironde.	BORDEAUX.	Lesparre, Blaye, Libourne, La Réole, Bazas, *Arcachon.*
	Dordogne.	PÉRIGUEUX.	Nontron, Ribérac, Bergerac, Sarlat.
	Lot.	CAHORS.	Gourdon, Figeac.
	Lot-et-Garonne.	AGEN.	Marmande, Villeneuve-sur-Lot, Nérac.
Guyenne et *Gascogne*	**Tarn-et-Garonne.**	MONTAUBAN.	Moissac, Castelsarrasin.
	Aveyron.	RODEZ.	Espalion, Villefranche-de-Rouergue, Millau, Saint-Affrique.
	Gers.	AUCH.	Condom, Lectoure, Mirande, Lombez.
	Hautes-Pyrénées.	TARBES.	Bagnères-de-Bigorre, Argelès, *Cauterets.*
	Landes.	MONT-DE-MARSAN.	Dax, Saint-Sever.
Béarn	**Basses-Pyrénées.**	PAU.	Bayonne, Orthez, Mauléon, Oloron, *Biarritz.*
Comté de Foix	**Ariège.**	FOIX.	Pamiers, Saint-Girons.
		Au Sud-Est.	
	Rhône.	LYON.	Villefranche-sur Saône.
Lyonnais	**Loire.**	SAINT-ETIENNE.	Roanne, Montbrison, *Rive de Gier.*
	Savoie.	CHAMBÉRY.	Albertville, Moûtiers, Saint-Jean-de-Maurienne.
Savoie	**Haute-Savoie.**	ANNECY.	Thonon, Saint-Julien, Bonneville.
	Isère.	GRENOBLE.	La Tour-du-Pin, Vienne, Saint-Marcellin, *Voiron.*
Dauphiné	**Drôme.**	VALENCE.	Die, Montélimart, Nyons, *Romans.*
	Hautes-Alpes.	GAP.	Briançon, Embrun.
	Bouches-du-Rhône.	MARSEILLE.	Arles, Aix.
Provence	**Var.**	DRAGUIGNAN.	Brignoles, Toulon, *La Seyne.*
	Basses-Alpes.	DIGNE.	Barcelonnette, Sisteron, Forcalquier, Castellane.
Comté de Nice	**Alpes-Maritimes.**	NICE.	Puget-Théniers, Grasse, *Cannes, Hyères.*
Comtat Venaissin	**Vaucluse.**	AVIGNON.	Orange, Carpentras, Apt.
	Haute-Garonne.	TOULOUSE.	Muret, Villefranche-de-Lauraguais, Saint-Gaudens.
	Tarn.	ALBI.	Gaillac, Lavaur, Castres, *Mazamet.*
	Aude.	CARCASSONNE.	Castelnaudary, Narbonne, Limoux.
	Hérault.	MONTPELLIER.	Lodève, Saint-Pons, Béziers, *Cette.*
Languedoc	**Gard.**	NIMES.	Alais, Le Vigan, Uzès.
	Lozère.	MENDE.	Marvéjols, Florac.
	Ardèche.	PRIVAS.	Tournon, Largentière.
	Haute-Loire.	LE PUY.	Brioude, Yssingeaux.
Roussilon	**Pyrénées-Orientales**	PERPIGNAN.	Prades, Céret, *Port-Vendres.*
Corse	**Corse.**	AJACCIO.	Bastia, Calvi, Corte, Sartène.

NOTA. — Les sous-préfectures ne sont données qu'à titre de simple renseignement.

Autres divisions administratives. — Il nous semble superflu d'insister sur les autres divisions administratives, car il est question de les remanier profondément par l'institution des **régions.** Disons seulement qu'il y a actuellement, y compris l'*Algérie* : **17 Académies, 27 Cours d'Appel et 21 corps d'armée** (1).

Nos défenses militaires ont besoin d'être revisées. La dernière guerre à démontré, hélas! que beaucoup de nos forteresses n'avaient de valeur que sur le papier. (*A titre de simple renseignement, nous en donnons la carte d'avant-guerre.*)

Nos défenses maritimes ont pour base cinq ports fortifiés : **Toulon, Brest,** *Cherbourg, Lorient* et *Rochefort,* mais les trois derniers sont peu importants.

(1) Un projet de loi ramène le nombre des corps d'armée à 16.

QUESTIONNAIRE. — 1. *Quelles étaient les frontières de la Gaule?* 2. *Pourquoi dit-on que c'étaient des frontières naturelles?* 3. *Parlez de l'Empire de Charlemagne.* 4. *Que savez-vous du traité de Verdun?* 5. *Qu'était-ce qu'un fief?* 6. *Que possédaient les Capétiens?* 7. *Citez quelques acquisitions de Philippe-Auguste, Louis XI, Louis XIII et Louis XIV.* 8. *Combien y avait-il d'anciennes provinces?* 9. *Citez-en quelques-unes avec leurs capitales* (v. *la Carte*). 10. *De quand date la division de la France en départements?* 11. *Que savez-vous de l'administration départementale?* 12. *Quelles sont nos principales forteresses?* 13. *Quelles sont celles que les Allemands nous ont rendues?* 14. *Quels sont nos ports de guerre?*

FRANCE MILITAIRE
Echelle de 1: 5.000.000
Kilomètres
0 50 100 150 200
Limite de Région et numéro de Corps d'Armée (leurs chefs-lieux sont soulignés)
Place forte (enceinte et forts détachés).
Ville fortifiée ; fort.
Chef-lieu d'Arrondissement maritime
Ecole militaire, Manufacture d'armes, etc.
(L'Algérie forme le 19e Corps d'Armée).
LA MANCHE
OCÉAN ATLANTIQUE
MER MÉDITERRANÉE
ESPAGNE
MASSIF CENTRAL
Bruxelles
Bayonne
Marseille
Ajaccio

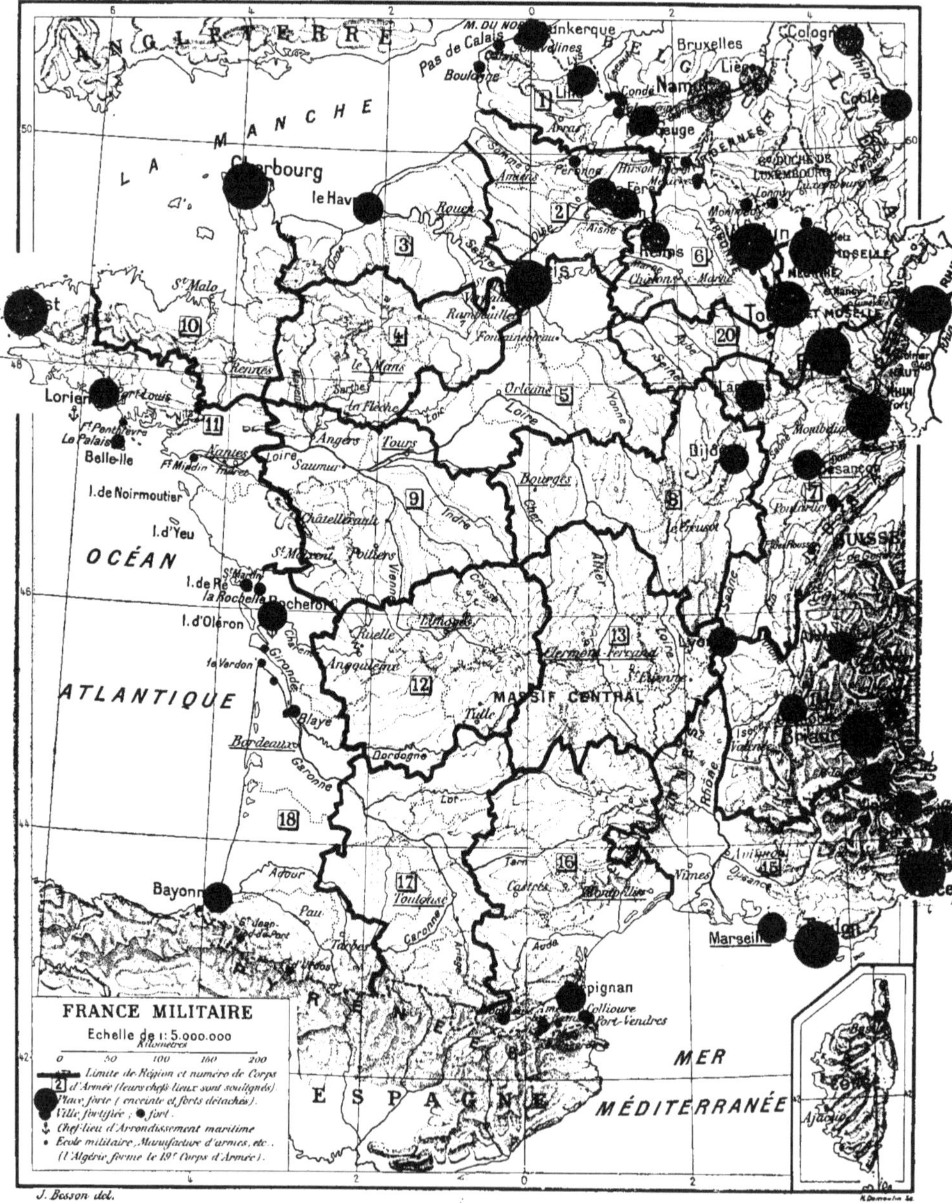

J. Besson del.

CHAPITRE XVII

LA FRANCE ECONOMIQUE

I. — AGRICULTURE.

Généralités. — La France est avant tout un pays agricole. *Pâturage et labourage, disait déjà Sully, sont les deux mamelles de la France.* Aujourdhui encore, malgré le grand développement pris par l'industrie depuis Sully, la moitié de la population française est occupée aux travaux des champs.

Grâce à son climat tempéré, à la variété de son sol, et au labeur de ses habitants, la France peut à peu près suffire à ses besoins, et c'est un grand avantage qu'elle a sur les pays voisins, avantage qu'il qu'il faut tâcher de conserver, car c'est une sauvegarde en temps de crise. Elle produit notamment des céréales, de la vigne, des fruits; elle exploite rationnellement ses forêts et élève de nombreux troupeaux.

Céréales. — C'est le *blé* qui est la principale des céréales. Nous en consommons beaucoup : 90 millions de quintaux! car les Français, au dire des étrangers, sont de gros *mangeurs de pain*. Nous en produisons presque assez pour notre consommation; mais dans les années déficitaires nous devons en importer et c'est un lourd tribut que nous payons aux pays producteurs de blé : *Argentine, Etats-Unis.* En France, l'on cultive surtout le blé dans les plaines flamande et picarde; dans la Beauce, la Brie; dans les plaines de la Touraine et de la Garonne. Pour le rendement, le département du Nord vient en tête avec 35 hectolitres à l'hectare.

La vigne. — Malgré les fléaux qui dévastent nos vignobles : *phylloxéra, mildiou,* etc., la France reste un grand producteur de vin. Nous avons à la fois la quantité (50 *millions d'hectolitres par an*) et la qualité, car nos meilleurs crus (*Champagne, Bordeaux, Bourgogne*) sont célèbres dans le monde entier.

La distillation nous fournit des eaux-de-vie renommées (*Cognac, Armagnac, Kirsch des Vosges*).

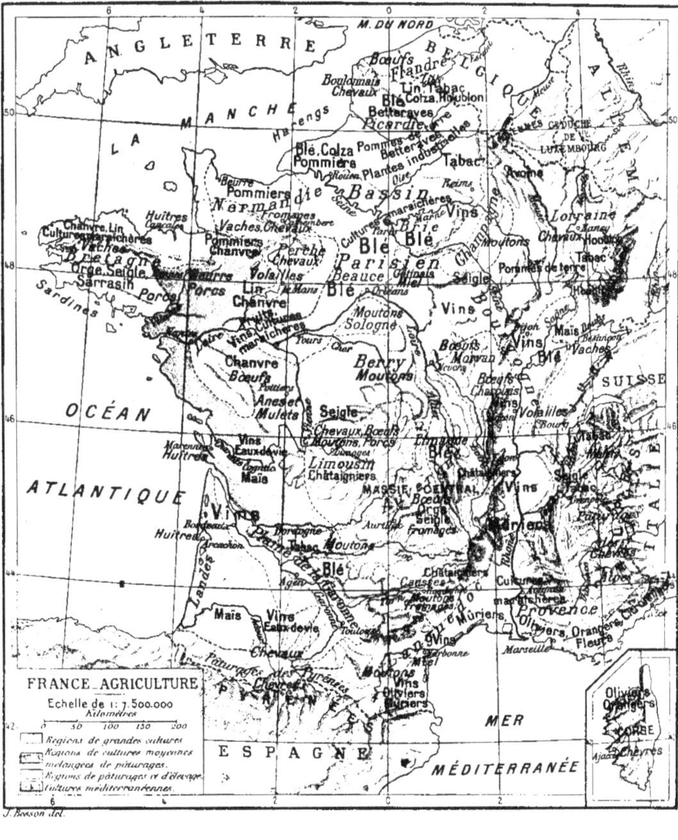

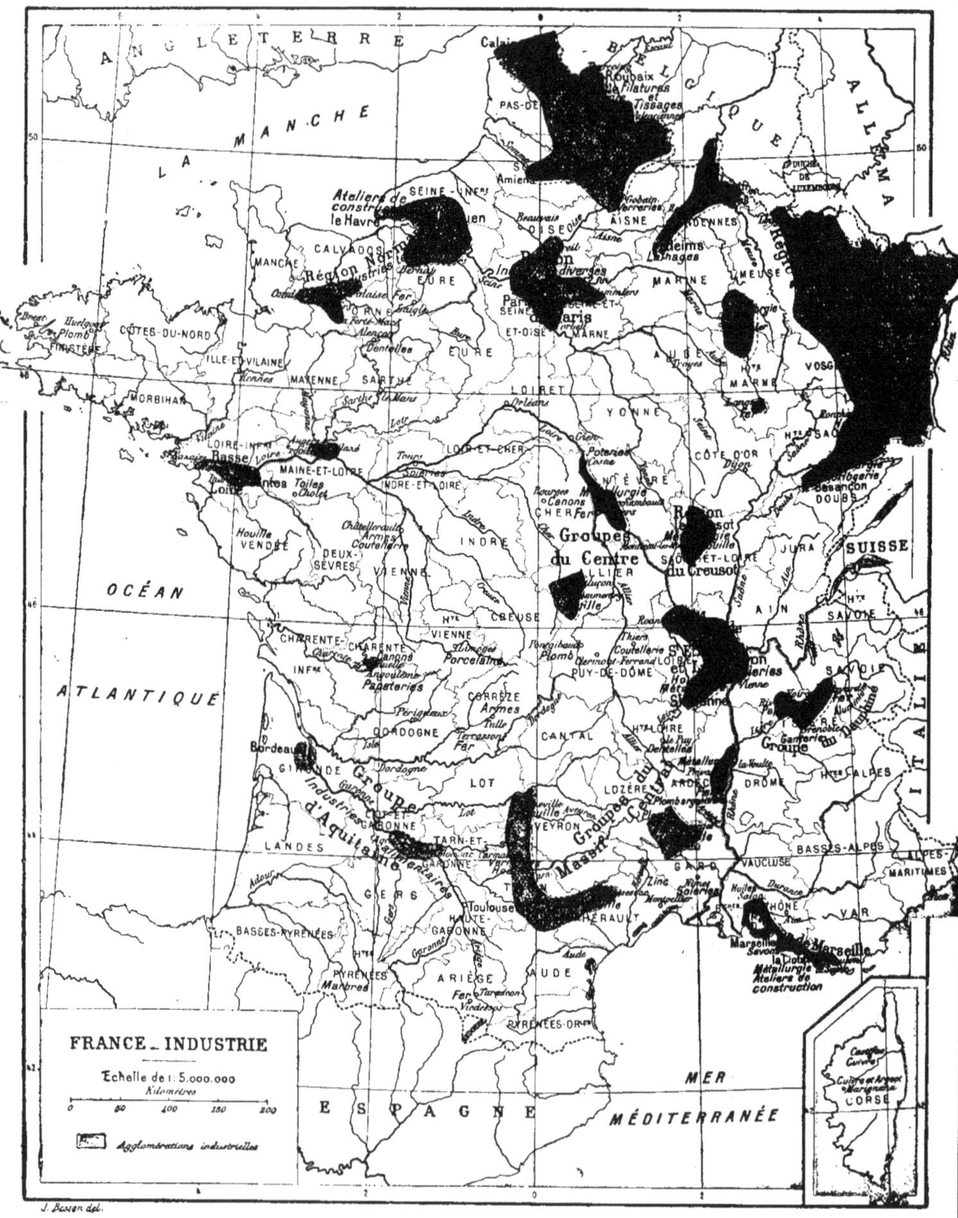
FRANCE_INDUSTRIE
Echelle de 1: 5.000.000
Kilomètres
0 50 100 150 200
Agglomérations industrielles
A N G L E T E R R E
LA MANCHE
OCÉAN
ATLANTIQUE
E S P A G N E
MER
MÉDITERRANÉE
SUISSE
CORSE
J. Besson del.

Cultures industrielles. — Certaines ont presque disparu devant la concurrence étrangère ou l'emploi des produits chimiques : (*lin, chanvre, colza, garance*). Pourtant on cultive encore le lin et le chanvre dans le Nord, le tabac dans la vallée de la Garonne; mais c'est surtout la betterave à sucre qui a pris de l'importance. Avant la guerre, notre pays était exportateur de sucre.

Le *mûrier* est cultivé dans la vallée du Rhône, pour l'élevage du *ver à soie*.

Fruits, Légumes, Primeurs. — On cultive les pommiers à cidre en Normandie et en Bretagne, les châtaigniers dans le Limousin, les pruniers à Agen, les oliviers en Provence.

Les légumes sont cultivés aux alentours de toutes les grandes villes. On fait des *primeurs* en Bretagne (*ceinture dorée*) et en Provence (*plaine de la Crau*).

Autres cultures. — La *pomme de terre* est surtout cultivée dans les Vosges, en Bretagne et dans le Limousin. Elle sert à l'alimentation de l'homme et des animaux; mais c'est en même temps une culture industrielle car on en tire la *fécule*.

Le *houblon* sert à faire la bière. On le cultive principalement en Alsace.

Elevage. — Une notable partie du sol français est occupée par des prairies naturelles, mais on cultive aussi des plantes fourragères dans des prairies artificielles : trèfle, luzerne, sainfoin.

On élève le gros bétail dans les pays de montagnes : Savoie, Jura, Vosges, Morvan, Plateau central et dans les pays de l'Ouest bien arrosés : Normandie, Bretagne, Vendée. Le mouton prospère dans les pays secs : Beauce, Provence.

La France exporte des fromages, du beurre, des œufs et de la volaille.

Nos races de chevaux sont estimées : chevaux anglo-normands pour les courses, percherons boulonnais pour le trait, tarbais pour l'armée.

Forêts. — La France a de belles forêts de sapins dans les pays montagneux : *Alpes, Jura, Vosges* et des forêts de chênes et de hêtres dans les pays de plaines (*forêts de Chantilly, Compiègne, Fontainebleau*). Des bois de pins ont été plantés dans les plaines de *Sologne* et des *Landes* soit pour les assainir, soit pour fixer les dunes. Malheureusement le déboisement a fait de grands ravages dans les Alpes méridionales et les Pyrénées, et depuis quelques années d'inexplicables incendies ont détruit des centaines d'hectares, principalement dans le Midi.

II. — INDUSTRIE.

Généralités. — La France ne peut pas rivaliser avec les grands pays industriels : *Etats-Unis, Angleterre, Allemagne*, car elle est pauvre en *houille*, ce pain noir de l'industrie. Elle n'est pas riche non plus en matières premières sauf pourtant en ce qui concerne les minerais de fer dont elle est amplement pourvue.

Houille. — Les principaux bassins houillers sont :

Le Bassin du Nord et du Pas-de-Calais (*Valenciennes, Anzin, Lens*).
Le Bassin de la Loire (*Saint-Etienne*).
Le Bassin du Gard (*Alais*).
Le Bassin du Creusot (*Montceau-les-Mines*).

En compensation des dévastations commises par les Allemands dans nos mines du Nord, le Traité de Versailles nous a donné les mines de la *Sarre* qui se prolongent sur une petite partie de la Lorraine.

Dans les parties montagneuses de la France (*Alpes, Pyrénées, Massif central*), on utilise les chutes d'eau, houille blanche, pour actionner directement les machines ou pour produire l'électricité. L'énergie électrique peut être envoyée à de longues distances et actionner à son tour les machines des grands centres industriels. On espère ainsi compenser bientôt l'insuffisance de notre production houillère.

Fer. — C'est la Lorraine qui produit actuellement les 9/10 de notre minerai de fer (*Bassins de Nancy, Briey, Longwy, Thionville*). Mais on en trouve également en Normandie (*Caen*), en Champagne (*Saint-Dizier*) et dans le Plateau central (*Le Creusot, Rive-de-Gier*).

L'industrie métallurgique s'est installée dans tous les pays du fer et de la houille ainsi que dans le voisinage de nos grands ports de commerce : Le Havre, Nantes, Bordeaux, Marseille.

En dehors du fer, la France est très pauvre en minerais. Elle produit un peu de zinc dans le Gard, un peu de plomb dans l'Ardèche, un peu d'antimoine dans le Puy-de-Dôme et quelques paillettes d'or dans les sables de l'Ariège.

Industries textiles. — On tisse le lin et le chanvre dans le Nord et dans la Sarthe; le coton dans les Vosges et la Seine Inférieure; la laine à Roubaix, Sedan, Reims, Elbeuf; la soie à Lyon et à Saint-Etienne.

Industries diverses. — A cela il convient d'ajouter les *industries alimentaires* : minoteries (*Corbeil*), raffineries (*Marseille*), fabriques de conserves (*Nantes*), brasseries (*Strasbourg*), etc.; les *industries de luxe* : tapisseries (*Gobelins, Aubusson*), porcelaines (*Sèvres*), glaces (*Saint-Gobain*), meubles (*Paris, Nancy*), cristalleries (*Baccarat*), dentelles (*Valenciennes*), etc.

QUESTIONNAIRE. — 1. *Que disait Sully?* 2. *Est-ce justifié?* 3. *Quels sont les pays producteurs de céréales?* 4. *Citez nos plus célèbres vignobles.* 5. *Quelles sont les principales cultures naturelles?* 6. *Autres cultures?* 7. *Quels sont les pays d'élevage?* 8. *Où se trouvent nos grandes forêts?* 9. *Quels sont nos principaux bassins houillers?* 10. *Montrez comment les chutes d'eau peuvent remplacer la houille.* 11. *Dans quels pays exploite-t-on les chutes d'eau?* 12. *Où trouve-t-on du minerai de fer?* 13. *Où s'est installée l'industrie métallurgique?* 11. *Expliquez pourquoi.* 16. *Où se trouvent les industries textiles?* 16. *Citez quelques industries alimentaires.* 17. *Quelles sont nos industries de luxe?*

CHAPITRE XVIII

LE COMMERCE

LES VOIES DE COMMUNICATION

I. — LE COMMERCE.

Généralités. — Le commerce est l'échange des produits. On distingue le **commerce intérieur** (*échanges entre Français*) du **commerce extérieur** (*échanges entre Français et étrangers*). Le commerce extérieur comprend les *importations* ou marchandises achetées au dehors et les *exportations* ou marchandises vendues au dehors.

Importations. — La France a besoin surtout de matières premières. Elle achète de la houille la Belgique et à l'Angleterre; du pétrole en Amérique; du coton aux Indes, en Egypte et en Amérique; de la laine en Australie; du café au Brésil; du blé en Argentine. Elle tire en outre quelques produits de ses colonies : c'est ainsi que l'Algérie lui envoie du blé et du vin, la Tunisie des phosphates, l'Afrique Occidentale des arachides, des bois d'œuvre, l'Indo-Chine du riz, etc.

Exportations. — La France envoie surtout à l'étranger les produits de son agriculture et de ses industries de luxe.

Elle envoie en Angleterre : des œufs, du beurre, du fromage, des fruits, du bétail, des vins, etc.; en Allemagne et en Belgique du minerai de fer; elle expédie dans le monde entier : articles de mode, tableaux, statues, bijoux, automobiles, meubles de luxe, etc.

Balance. — C'est la comparaison entre le chiffre des importations et celui des exportations. Dans la période troublée d'après-guerre, il est bien inutile d'évaluer le montant des importations ou des exportations, car les chiffres d'aujourd'hui ne valent plus pour demain. Tout ce qu'on peut dire, c'est que nos importations dépassent encore en ce moment (1924) nos exportations. Néanmoins on admet que le *tourisme* étranger, que l'on cherche à développer depuis quelques années, apporte de quoi combler la différence.

Navigation. — Les marchandises que nous envoyons au dehors sont transportées par des bateaux. Un pays doit autant que possible ne pas recourir pour cela aux bateaux étrangers. Notre marine marchande a beaucoup souffert pendant la guerre, et il a fallu reconstruire à grands frais les navires torpillés par l'ennemi.

Nos grandes Compagnies de navigation sont : La Compagnie Générale Transatlantique, les Messageries Maritimes, les Chargeurs Réunis, la Havraise Péninsulaire, etc. Tout le monde a entendu parler du grand paquebot de luxe *Paris* qui fait la traversée du *Havre* à *New-York.*

Le commerce mondial a été complètement déséquilibré depuis la guerre. Avant la grande tourmente de 1914-1918, il y avait des stocks importants de marchandises dans le monde, et chacun était assuré de se procurer avec de l'argent, tout ce dont il avait besoin. La guerre a amené la disparition de ces stocks, et c'est tout un problème, pour chaque nation de se procurer des matières premières en quantité suffisante. Il y a, comme on dit à présent, une question du blé, de la houille, du pétrole, du coton, etc. Et cette question est parfois angoissante pour les divers Etats qui ont souffert de la guerre.

II. — LES CHEMINS DE FER.

Généralités. — Les voies de communication comprennent : Les routes, les chemins de fer et les canaux. Les routes (*routes nationales, routes départementales* et *chemins vicinaux*) ont été fort endommagées par la circulation intense du temps de guerre, et c'est un gros problème que de les remettre en état.

Autrefois, les routes assuraient à elles seules toute la circulation. Depuis l'invention des chemins de fer, elles avaient beaucoup perdu de leur animation, mais voilà que le développement du cyclisme et de l'industrie automobile leur donne une nouvelle activité!

Elles y gagnent en pittoresque mais elles y perdent en durée, car les gros camions automobiles les défoncent en peu de temps.

Les grands réseaux. — Les lignes de chemins de fer sont exploitées par six grands réseaux : *Nord, Est, Paris-Lyon-Méditerranée, Orléans, Midi, Etat.* L'Etat exploite directement l'un de ces réseaux et il contrôle le service des autres. Depuis peu, une grande Commission assure une certaine homogénéité entre tous ces réseaux.

Réseau du Nord. — Les principales lignes sont :

1° Paris-Creil-Amiens-Boulogne-Calais;

2° Paris-Creil-Amiens-Arras-Douai-Lille-*Gand;*

3° Paris-Creil-Saint-Quentin-Maubeuge-*Bruxelles* ou *Berlin.*

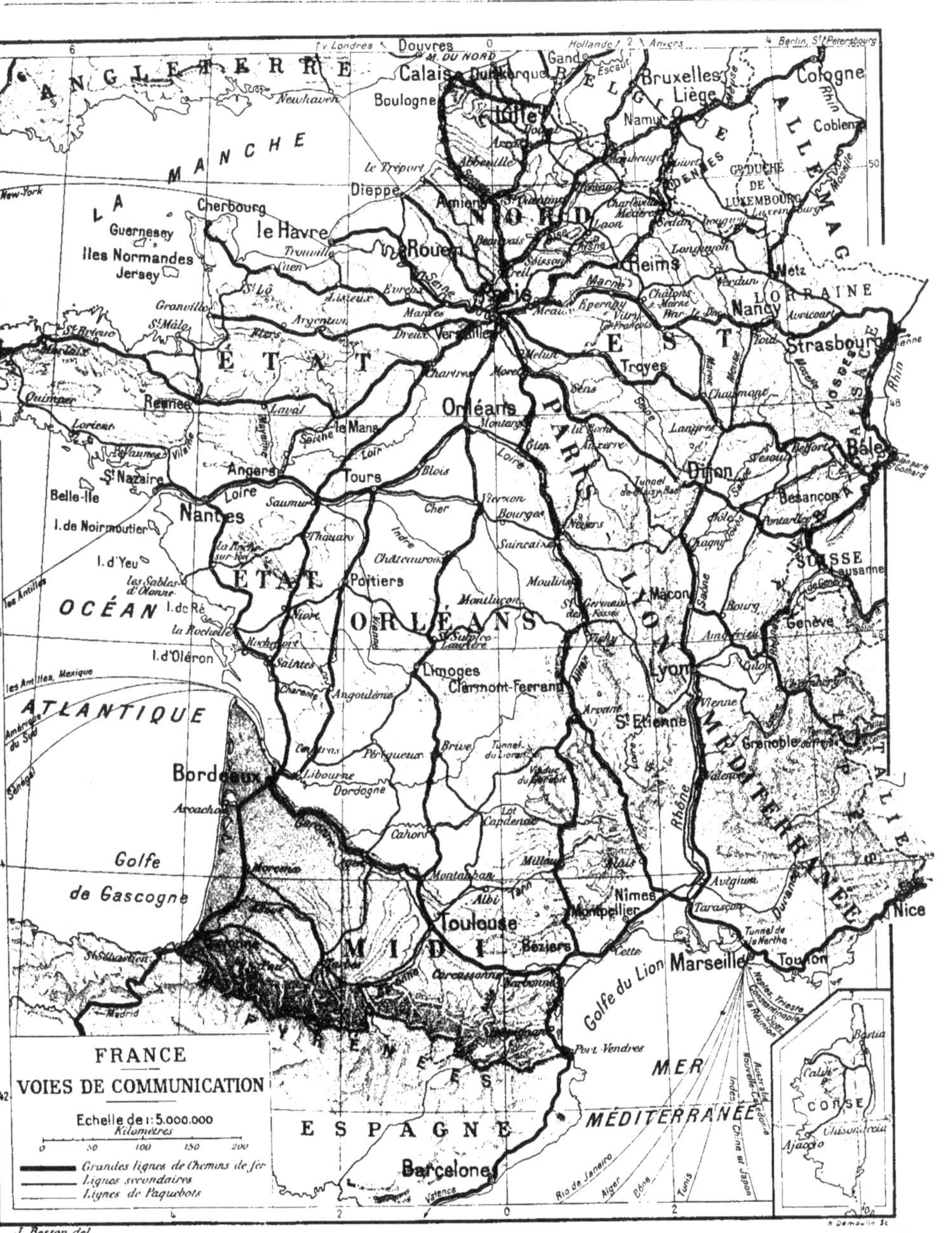
FRANCE
VOIES DE COMMUNICATION
Echelle de 1: 5.000.000
Kilomètres
0 50 100 150 200
Grandes lignes de Chemins de fer
Lignes secondaires
Lignes de Paquebots
ANGLETERRE
MANCHE
LA MANCHE
BELGIQUE
ALLEMAGNE
LORRAINE
ALSACE
SUISSE
ITALIE
ESPAGNE
OCÉAN ATLANTIQUE
Golfe de Gascogne
Golfe du Lion
MER MÉDITERRANÉE
NORD
EST
ÉTAT
ORLÉANS
PARIS-LYON-MÉDITERRANÉE
MIDI
PYRÉNÉES
CORSE
Douvres
Calais
Dunkerque
Boulogne
Lille
Bruxelles
Liège
Namur
Cologne
Coblenz
Metz
Nancy
Strasbourg
Bâle
Dieppe
Amiens
Cherbourg
le Havre
Rouen
Paris
Versailles
Reims
Troyes
Guernesey
Iles Normandes
Jersey
Rennes
le Mans
Orléans
Tours
Angers
Nantes
St Nazaire
Belle-Ile
I. de Noirmoutier
I. d'Yeu
I. de Ré
I. d'Oléron
Poitiers
Limoges
Clermont-Ferrand
Dijon
Besançon
Genève
Mâcon
Lyon
St Étienne
Grenoble
Bordeaux
Toulouse
Nîmes
Montpellier
Béziers
Marseille
Toulon
Nice
Barcelone
Bastia
Ajaccio
New-York
J. Besson del.

Réseau de l'Est. — Les principales lignes sont :

1° Paris-Reims-Givet-*Namur;*

2° Paris-Châlons-Nancy-Strasbourg-*Vienne;*

3° Paris-Troyes-Belfort-*Bâle-Milan.*

Les chemins de fer d'Alsace-Lorraine constituent une administration à part et ne sont pas encore rattachés au réseau de l'Est.

Paris-Lyon-Méditerranée. — Les principales lignes sont :

1° Paris-Dijon-Lyon-Marseille-Nice-*Gênes* avec embranchements : Dijon-Pontarlier-Lausanne et Mâcon-Modane-*Turin;*

2° Paris-Nevers-Clermont-Ferrand-Nîmes.

Le Viaduc de Garabit.

Réseau d'Orléans. — Les principales lignes sont :

1° Paris-Orléans-Limoges-Toulouse;

2° Paris-Orléans-Tours-Poitiers-Bordeaux;

3° Paris-Orléans-Tours-Angers-Nantes-Saint-Nazaire.

Réseau du Midi. — Les principales lignes sont :

1° Bordeaux-Toulouse-Cette-Montpellier-Nimes;

2° Bordeaux-Bayonne-*Madrid;*

3° Arvant-Béziers-Perpignan-*Barcelone.*

Réseau de l'Etat. — Les principales lignes sont :

1° Paris-Rouen-Le Havre;

2° Paris-Nantes-Caen-Cherbourg;

3° Paris-Le Mans-Rennes-Brest;

4° Paris-Chartres-Saumur-Bordeaux.

Nos réseaux de chemin de fer sont trop centralisés. Il n'y a pour ainsi dire que Paris comme tête de ligne. C'est excessif. Les relations rapides de grande ville à grande ville sont encore à créer. Quelques timides essais ont pourtant été tentés : parcours Calais-Bâle, Lyon-Bordeaux, Dijon-Nancy-Lille.

Avion Bréguet de transport.

Autres moyens de communications. — Pour être complet il faudrait encore citer le réseau serré des *Postes, Télégraphes, Téléphones* que tout le monde connaît. Mais ce n'est pas tout. Les écoliers de l'avenir devront encore étudier les réseaux de transport de l'énergie électrique où il y aura lieu de distinguer aussi des sortes de routes nationales, des routes départementales et des chemins vicinaux. Puis il y a maintenant des lignes de transports réguliers par avions : Paris-Londres, Paris-Bruxelles, Paris-Prague-Varsovie, Paris-Toulouse-Casablanca, etc. Enfin les mystérieuses ondes électriques transportent aussi notre pensée d'un bout du monde à l'autre : Stations de T. S. F. de Melun (*la plus puissante du monde*), de Lyon, de Bordeaux, de Nantes, etc.

Station transcontinentale de T. S. F. (Melun).

FRANCE _ VOIES NAVIGABLES
Echelle de 1: 5.000.000
MANCHE
OCÉAN
ATLANTIQUE
MASSIF CENTRAL
Golfe de Gascogne
Golfe du Lion
MER
MÉDITERRANÉE
ESPAGNE
SUISSE
CORSE
Paris
Bordeaux
Lyon
Marseille
Toulouse
Barcelone
Nice

III. — LES CANAUX

Voies navigables. — Nos rivières et nos fleuves sont loin d'être tous navigables. A part ceux du Nord, dont nous avons déjà parlé, ils ont dû être améliorés ou aménagés.

Pour rendre une rivière propre à la navigation on la **canalise.** Si son cours est par trop irrégulier, on creuse un **canal latéral.**

Les rivières sont en outre parfois réunies entre elles par des **canaux de jonction.**

Une rivière navigable, chemin de halage et remorqueur.

Canaux latéraux. — Les principaux canaux latéraux sont ceux de la *Somme*, de l'*Oise*, de l'*Aisne*, de la *Marne*, de la *Haute-Seine*, de la *Loire* et de la *Garonne*.

Canaux de jonction. — Ces canaux relient : La Somme à l'*Escaut* et à l'*Oise;* l'Oise à la *Sambre* et à l'*Aisne;* l'Aisne à la *Marne* et à la *Meuse* (*Canal des Ardennes*)*;* la Marne au *Rhin* et à la *Saône;* la Saône à la *Moselle*, au *Rhin*, à l'*Yonne* et à la *Loire;* la Loire à la *Seine* (*Canal du Loing*) et à l'*Yonne* (*Canal du Nivernais*) ; le Rhône à la *Garonne* (*Canal du Midi*). Ajoutons à cela les canaux du *Berri* et le canal de *Nantes* à *Brest*.

Canaux maritimes. — Ces canaux facilitent l'accès des ports fluviaux : Canal de *Tancarville au Havre*, de *Nantes à Paimbœuf*, de *Caen* à la mer.

Chargement d'un bateau, bassin de la Villette, à Paris.

Tous ces canaux sont d'importance fort inégale. Le canal de Nantes-Brest n'a qu'un trafic insignifiant; les canaux du Berri ne peuvent porter que des péniches ridiculement petites. Presque partout ailleurs il faudrait agrandir les écluses.

Seules les relations entre le bassin parisien et les canaux du Nord ont quelque importance.

QUESTIONNAIRE. — 1. *Qu'appelle-t-on commerce intérieur? extérieur?* 2. *Qu'appelle-t-on importations? exportations?* 3. *Quelles sont nos principales importations et d'où les tirons-nous?* 4. *Quelles sont nos principales exportations et où les envoyons-nous?* 5. *Qu'est-ce qui nous aide à faire la balance?* 6. *Quelles sont nos grandes compagnies de navigation?* 7. *Pourquoi y a-t-il à présent une question du blé, du pétrole, de la houille, du coton, etc.?* 8. *Que savez-vous de nos routes?* 9. *Quels sont les grands réseaux de chemins de fer?* 10. *Citez les principales lignes de chaque réseau.* 11. *Quels sont les autres moyens de communication?* 12. *Qu'appelle-t-on rivière canalisée? Canaux latéraux? Canaux de jonction?* 13. *Quels sont les principaux canaux latéraux?* 14. *Quels sont les principaux canaux de jonction?*

5e PARTIE — LA FRANCE EN EUROPE

CHAPITRE XIX

L'EUROPE. — GENERALITES

L'Europe à vol d'oiseau. — L'Europe, prise dans son ensemble, peut être considérée comme une presqu'île située entre l'Océan Atlantique et la Mer Méditerranée et rattachée à l'ancien continent par l'isthme des Monts Oural.

Caractéristiques. — Elle a une superficie de 10 millions de kilomètres carrés (*France* : 550,000) et une population de 450 millions d'habitants (*France* : 40 millions).

Sa configuration générale présente deux caractères principaux :

1° En Europe la mer pénètre partout très profondément à l'intérieur des terres et les rivages sont très découpés;

Ainsi à l'Ouest, l'Océan Atlantique forme la Mer du Nord et la Mer Baltique; au Sud, la Mer Méditerranée, qui comme son nom l'indique est une véritable mer intérieure, se prolonge par la Mer de Marmara et par la Mer Noire. Des îles, des groupes d'îles ou archipels, des presqu'îles multiplient encore la longueur des côtes : les *Iles Britanniques*, la *Corse*, la *Sardaigne*, la *Sicile*, la *Crète*, l'*Ile de Chypre*) ; au Nord se détache la péninsule scandinave; au Sud, ce sont les trois péninsules ibérique, italique et balkanique. Cette articulation du littoral favorise puissamment le commerce maritime.

Détroit de Bonifacio.

2° L'Europe est constituée dans sa partie massive par une vaste plaine, c'est la plaine russe qui s'étend des rivages de l'Océan Glacial Arctique jusqu'à la Mer Noire et de la Mer Baltique jusqu'à la Mer Caspienne, et cette plaine se continue vers l'Occident, tout le long de la côte, jusqu'aux Pyrénées.

Par contre toute l'Europe centrale et méridionale est couverte de hautes montagnes et de plateaux. On y voit les Pyrénées, entre la France et l'Espagne (*Pic de Néthou*, 3,400 mètres) ; les Alpes, qui s'étendent depuis le Rhône jusqu'au Danube (*Mont-Blanc*, 4,810 mètres) ; les Monts Karpathes, aussi importants que les Alpes; le Caucase se dresse sur les confins de l'Europe et de l'Asie (*Mont-Elbrouz*, 5,640 mètres).

On comprend pourquoi, dans ces conditions, la longueur des cours d'eau diminue de plus en plus au fur et à mesure que l'on s'éloigne de la grande plaine russe. Celle-ci est parcourue par un fleuve long de 3,500 km. : la *Volga*, qui se jette dans la Mer Caspienne; le *Rhin* n'a déjà plus que 1,300 km.; la *Loire*, 1,000 km. et la *Garonne* avec la *Gironde*, 650 km.

Il faut faire une place à part à un grand fleuve, le *Danube* (2,850 km.) qui s'est frayé un chemin à travers l'Europe centrale, qui passe à Vienne et à Belgrade et se jette dans la Mer Noire.

Historique. — L'Europe, ou plus exactement le bassin de la Méditerranée, a été le berceau de notre civilisation.

La Crète, l'Egypte, 5,000 ans avant notre ère, avaient déjà une civilisation très avancée. Les Grecs en reçurent le dépôt. Après avoir brillé d'un vif éclat, la Grèce s'effaça devant Rome. Les Romains colonisèrent tous les pays connus de leur temps. Ils ont été nos éducateurs et nos maîtres; pourtant leur influence a été profondément modifiée par celle du christianisme; toutes les civilisations actuelles sont plus ou moins imprégnées de christianisme.

C'est en Europe que se trouve le groupe le plus important des grandes puissances du monde : l'Angleterre, la France, l'Allemagne, l'Italie, la Russie, l'Espagne, etc.

Mais dans le dernier siècle d'autres grandes puissances se sont formées : les Etats-Unis,

EUROPE PHYSIQUE
Echelle de 1: 25.000.000
Kilomètres
0 200 400 600 800 1000
Hauteurs
au-dessous du niveau de la mer
de 0 à 200 mètres
de 200 à 500
de 500 à 1000 mètres
de 1000 à 2000
de 2000 à 3000
au-dessus de 3000 m.
Profondeurs
de 0 à 100 mètres
de 100 à 1000
de 1000 à 3000 mètres
de 3000 à 5000
OCÉAN GLACIAL ARCTIQUE
OCÉAN ATLANTIQUE
Cercle polaire Arctique
MER DU NORD
MER BALTIQUE
MER BLANCHE
MER NOIRE
MER CASPIENNE
MER ADRIATIQUE
ILES BRITANNIQUES
LA MANCHE
Plaine allemande
Plaine de Pologne
Plateau de la Volga
Dépression Caspienne
EUROPE PHYSIQUE
J. Besson Del.

dans l'Amérique du Nord; le Japon, en Extrême-Orient. Nous en voyons quelques-unes naître sous nos yeux : le Brésil, dans l'Amérique du Sud; la Chine, en Asie; le monde est dans un perpétuel changement; certaines nations s'élèvent pendant que d'autres disparaissent.

QUESTIONNAIRE. — *Quelle est la forme générale de l'Europe? Indiquez sa superficie, sa population. Pourquoi l'Europe est-elle favorisée au point de vue du commerce maritime? Quelles sont les principales montagnes de l'Europe? Quels sont ses principaux fleuves? Quel a été le berceau de la civilisation dans le monde? Quelles sont les grandes puissances mondiales?*

CHAPITRE XX

LES GRANDES PUISSANCES DE L'EUROPE

Les Iles Britanniques.

Caractéristiques. — Les Iles Britanniques comprennent : l'Angleterre, l'Ecosse et l'Irlande. Surperficie : 315,000 kilomètres carrés. Population : 45,000,000 d'habitants (avec les colonies : 375 millions).

L'Angleterre est un pays de marins. Tous les Anglais s'intéressent aux choses de la mer. La rude vie des matelots leur a donné ces qualités d'endurance et de volonté qui sont le secret de leur force.

L'Angleterre est une des grandes puissances mondiales.

Elle a su tirer parti de toutes les ressources que la nature a mises à sa disposition. *Agriculture :* elle a perfectionné, par l'élevage ou autrement, ses chevaux, ses porcs, ses moutons. *Industrie :* elle a mis en œuvre les merveilleuses ressources de son sol en charbon et en fer. *Commerce :* elle a aménagé ses fleuves et creusé des ports. Le pays est couvert d'un réseau complet de voies ferrées. *Colonies :* elle possède le plus grand empire colonial qui ait jamais existé.

Principales villes :

1° *En Angleterre :*

Londres : 5,000,000 d'hab., la ville la plus peuplée du monde, le premier des ports anglais;

Le Parlement de Londres.

Liverpool : 750,000 hab., le second port de l'Angleterre;

Manchester : 720,000 hab., centre de l'industrie du coton;

Brimingham : 520,000 hab., centre de l'industrie du fer;

2° *En Ecosse :*

Edimbourg : 320,000 hab., ancienne capitale de l'Ecosse;

Glasgow : 800,000 hab.;

3° *En Irlande :*

Dublin : 400,000 hab., capitale de l'Irlande.

L'Angleterre possède le riche empire des Indes. Elle garde la route des Indes par *Gibraltar, Malte, Chypre, Suez, Aden.* Elle possède, en outre, une bonne partie du Continent africain.

Elle a d'anciennes colonies appelées *Dominions* qui, tout en grandissant et en conquérant une certaine liberté tiennent à la mère-patrie et font cause commune avec elle; tels sont le *Canada*, dans l'Amérique du Nord; la *Colonie du Cap* dans l'Afrique du Sud, l'*Australie* et la *Nouvelle-Zélande*.

L'Allemagne.

Caractéristiques. — L'Allemagne a une superficie de 500,000 kilomètres carrés. Population : 60,000,000 d'habitants.

Elle occupe une situation prépondérante dans l'Europe Centrale où elle s'étend sur une vaste région qui descend par degrés vers le Nord depuis les Alpes de Bavière jusqu'à la mer. Elle a tous les aspects et tous les produits des régions tempérées : des forêts, des pâturages, des champs cultivés. Elle a, en outre, d'abondantes ressources minérales : le charbon de la Ruhr, le charbon et les métaux de la Haute-Silésie.

Mais sa principale ressource est dans sa population toujours débordante, pauvre et avide, disciplinée et laborieuse, qui fournit aux grands propriétaires du sol et aux magnats de l'industrie la main-d'œuvre nécessaire pour mettre en valeur tous les produits du pays.

L'Allemagne, avec son sol pauvre, produit des récoltes plus abondantes que la France, grâce à l'emploi intensif des engrais chimiques.

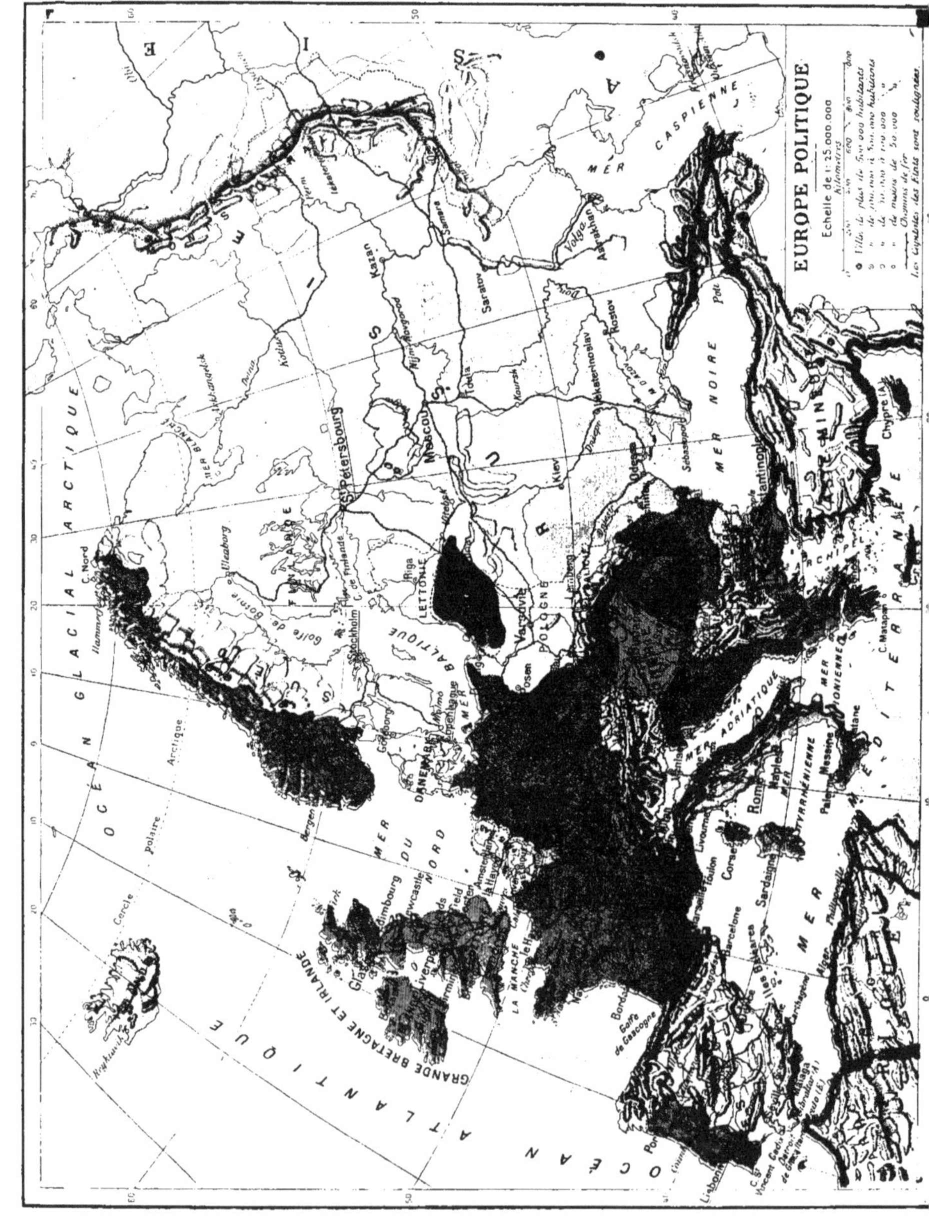
EUROPE POLITIQUE
Echelle de 1:25.000.000

Elle a de très grandes villes :

a) *En Prusse :*

Berlin : 2,000,000 d'habitants;
Cologne : 500,000 habitants;
Breslau : 500,000 habitants;

b) *En Saxe :*

Dresde : 600,000 habitants;
Leipzig : 600,000 habitants;

c) *En Bavière :*

Munich : 600,000 habitants.

Citons encore la ville libre de Hambourg (1 million d'habitants), l'un des plus grands ports du monde.

La Russie.

Caractéristiques. — La Russie a une très grande étendue : 4,000,000 de kilomètres carrés. Population : 100,000,000 d'habitants.

La Russie est une immense plaine, au climat extrême parce que l'influence de la mer s'y fait peu sentir; on y observe des températures de + 35° en été et de — 40° en hiver. De longs fleuves comme la *Volga* (3,500 km.) coulent à travers une plaine monotone. Pendant cinq mois la terre est couverte de neige; la campagne déserte est parcourue par des bandes de loups affamés. Mais dès les premiers jours du printemps, au mois de mai, la scène change avec une rapidité surprenante : en quelques mois le paysan laboure, sème et moissonne; le sol en certaines régions est d'une fertilité prodigieuse. La Russie était jadis l'un des greniers de l'Europe.

La Russie est un pays neuf, c'est-à-dire essentiellement agricole. Elle est cultivée par un peuple de paysans asservis pendant des siècles et actuellement en proie à une révolution sans précédent dans l'Histoire. Dans quelques régions toutefois, l'industrie commence à prendre une certaine extension : dans les mines de houille, d'or, d'argent et de cuivre des Monts Oural; autour des puits de pétrole de la Caucasie, dans les provinces occidentales où l'on tisse la toile.

La Russie d'Europe et la Russie d'Asie possèdent l'une des voies ferrées les plus longues du globe : c'est le transsibérien qui permet d'arriver en Extrême-Orient jusqu'à Port-Arthur, à 10,000 kilomètres de Pétrograd.

Les plus grandes villes sont :

Pétrograd : 1,900,000 habitants, sur la Néva;

Moscou : 1,500,000 habitants, l'ancienne capitale;

Odessa : 400,000 habitants, port sur la Mer Noire.

L'Italie.

Caractéristiques. — L'Italie a une superficie de 316,000 kilomètres carrés et une population de 37,000,000 d'habitants (40 millions avec les colonies).

L'Italie comprend trois régions principales :

a) Une région continentale : la plaine du Pô;

b) Une région péninsulaire : la presqu'île des Apennins;

c) Une région insulaire : la Sicile et la Sardaigne.

La plaine du Pô, encerclée par les Alpes et les Apennins, ouverte sur la Mer Adriatique, est une des régions les plus fertiles de l'Europe. C'est la région la plus active et la plus riche de l'Italie.

La presqu'île des Apennins et les îles sont des terres volcaniques. On y trouve trois volcans en activité : le Vésuve, près de Naples; l'Etna, en Sicile; le Stromboli, dans les îles Lipari.

Ce sont des pays secs, difficiles à mettre en valeur.

La Basilique St-Pierre, à Rome.

L'Italie est surtout un pays agricole : ses principales richesses sont le blé, le maïs, le vin et les fruits. Une partie de son blé est transformé en pâtes d'Italie; ses vins sont renommés. Elle vend ses oranges et ses raisins sur tous les marchés de l'Europe.

La pêche, surtout la pêche du thon, dans la Mer Tyrrhénienne et la pêche des éponges et du corail, sur les côtes de l'Afrique, lui donnent des revenus importants.

Elle n'a pas d'avenir au point de vue industriel parce qu'elle n'a pas de houille ni de minerai. Elle est un pays producteur de soie. Les solfatares de Sicile fournissent presque tout le soufre qui est consommé dans le monde.

L'Italie est célèbre par ses souvenirs historiques et par sa beauté : Rome, Naples, Florence, Venise attirent de nombreux touristes et Rome est le rendez-vous de grandes troupes de pèlerins qui viennent de tous les pays du monde.

Mais le sol de l'Italie ne peut pas suffire à la nourriture de toute la population. Beaucoup d'Italiens quittent leur pays et vont travailler dans les grands centres industriels. D'autres émigrent en Amérique. L'Italie a entrepris la colonisation de la Tripolitaine, au Nord de l'Afrique.

Le Palais des Doges, à Venise

Principales villes. On peut citer :

Rome : 550,000 habitants, capitale de l'Italie, métropole de l'église catholique;

Naples : 720,000 habitants, grand port, dans un décor merveilleux;

Milan : 600,000 habitants, un centre de la plaine du Pô;

Turin : 430,000 habitants, ville très active, au pied des Alpes;

Palerme : 340,000 habitants, en Sicile, ville pittoresque dans un paysage presque africain;

Gênes : 270,000 habitants, le premier port de l'Italie.

QUESTIONNAIRE. — *Quelles sont les caractéristiques des Iles Britanniques : division, superficie, population? Citez les grandes villes de l'Angleterre, de l'Ecosse et de l'Irlande. Quelles sont les colonies anglaises? Pourquoi l'Angleterre est-elle une grande puissance mondiale?*

Quelles sont les caractéristiques de l'Allemagne? Citez ses grandes villes. Qu'est-ce qui fait la force de l'Allemagne?

Quelles sont les caractéristiques de la Russie? Citez ses principales ressources. Nommez ses grandes villes.

Quelles sont les caractéristiques de l'Italie? Est-ce un pays industriel? Qu'est-ce qui attire les touristes en Italie? Nommez ses principales villes.

CHAPITRE XXI

AUTRES ETATS DE L'EUROPE

L'**Europe** comprend encore d'autres Etats plus ou moins importants. Nous distinguerons :

1° La *Belgique* et la *Hollande*, qui mériteraient d'être comptées parmi les grands Etats en raison de leur activité et en considération de leur empire colonial;

2° La *Pologne*;

3° La *Suède*, la *Norvège*, le *Danemark*;

4° Les petits Etats Baltiques;

5° Les Etats de l'Europe Centrale : la *Suisse*, l'*Autriche*, la *Hongrie*, la *Tchéco-Slovaquie;*

6° Les Etats des Balkans : la *Roumanie*, la *Bulgarie*, la *Turquie*, la *Serbie*, la *Grèce;*

7° L'*Espagne* et le *Portugal*.

La Belgique et la Hollande ont formé autrefois un seul Etat désigné sous le nom de royaume des Pays-Bas. Elles ont en effet une certaine unité géographique : ce sont des pays d'embouchures; l'Escaut, la Meuse, le Rhin se rencontrent et se mêlent dans une plaine basse coupée de bras de mers et de canaux.

La **Belgique** est le pays le plus peuplé de l'Europe relativement à son étendue.

Superficie : 30,000 kilomètres carrés (France : 550,000 kilomètres carrés).

Population : 8 millions d'habitants (France : 40 millions d'habitants).

Densité de la population : 255 habitants par kilomètre carré (France : 74 habitants).

La Belgique a une activité prodigieuse qui s'exerce dans tous les domaines, agriculture, industrie, commerce. La fertilité des plaines de Flandre est proverbiale. Les charbonnages de la Sambre et de la Meuse sont d'une très grande richesse. Anvers est le 3e port de l'Europe (après Londres et Hambourg).

La Belgique possède, en Afrique, l'Etat du Congo qui est un grand pays et une terre d'avenir.

Elle a pour capitale **Bruxelles** (700,000 habitants).

L'EUROPE CENTRALE APRÈS LE TRAITÉ DE VERSAILLES

La **Hollande** est surtout un pays de commerçants. On disait autrefois des Hollandais qu'ils étaient les « rouliers des mers ». Aujourd'hui, leur commerce s'est développé à la fois du côté de la mer et du côté du continent. Par ses lignes de navigation maritime, elle est en relations avec tous les pays du monde, mais principalement avec ses colonies de l'Océanie et de la Guyane. Par ses lignes de navigation intérieure et par ses voies ferrées elle contrôle tous les transports des riches pays rhénans.

Les grandes villes de la Hollande sont : la capitale **La Haye** (300,000 habitants), *Amsterdam* (600,000 habitants), port maritime et *Rotterdam* (450,000 habitants), port fluvial.

La **Pologne** a une superficie de 300 mille kilomètres carrés et une population de 25 millions d'habitants. Elle s'étend, du Sud au Nord, des Monts Karpathes à la Mer Baltique. Elle est riche en pétrole dans la Galicie; en houille, en fer, dans la Silésie. Elle produit en abondance des céréales, des pommes de terre, du chanvre et du lin. L'industrie textile y est très développée.

Malheureusement la Pologne n'a pas de frontières naturelles et elle ne communique avec la Mer Baltique que par le couloir de la Vistule et le port de Dantzig.

Les principales villes sont :

Varsovie : 900,000 habitants, capitale de la Pologne;

Lodz : 400,000 habitants, centre de la production textile;

Posen : 120,000 habitants.

La Norvège, la Suède et le Danemark ont été réunis autrefois. Ce sont aujourd'hui trois Etats séparés. La **Norvège** est un pays de forêts et de pêche; la **Suède** a de la houille et du fer; le **Danemark** est un pays d'élevage.

Principales villes :

Christiania, capitale de la Norvège, 250,000 habitants;

Christiania (1), capitale de la Norvège, 250,000 habitants;

Copenhague, capitale du Danemark, 450,000 habitants.

Les Etats Baltiques.

Les traités qui ont suivi la Grande Guerre, ont créé sur les rives de la Mer Baltique, côte orientale, une bordure de petits Etats : la *Finlande*, l'*Esthonie*, la *Lettonie* et la *Lithuanie*.

(1) Oslo, depuis le 1er janvier 1925.

Les Etats de l'Europe Centrale.

La **Suisse** n'a que 4 millions d'habitants : c'est la population de Paris. Mais elle a une importance considérable à cause de sa situation au centre de l'Europe, qui la met en contact à la fois avec la France, l'Allemagne et l'Italie.

Elle est célèbre par la magnificence de ses Alpes, par la beauté de ses lacs. Elle est aussi très industrielle et très commerçante.

Elle jouit dans le monde d'un prestige mérité; on la considère comme le berceau de la liberté en Europe.

Sa capitale est **Berne**, sur l'Aar (90,000 hab.). Elle a trois villes de plus de cent mille habitants: *Zurich* (200,000 hab.), dans la Suisse allemande; *Bâle* (130,000 hab.), sur le Rhin; *Genève* (120,000 hab.), dans la Suisse française.

L'**Autriche** : 83,000 kilomètres carrés, 6 millions d'habitants, a pour capitale Vienne, 2 millions d'habitants.

La **Tchéco-Slovaquie** : 137,000 kilomètres carrés, 13 millions d'habitants, a pour capitale Prague, 250,000 habitants.

La **Hongrie** : 91,000 kilomètres carrés, 7 millions d'habitants, a pour capitale Buda-Pesth, 800,000 habitants.

Ces pays sont de création récente et n'ont pas encore un caractère bien accusé.

Les Etats des Balkans.

La péninsule des Balkans est partagée entre quatre Etats principaux : la Roumanie, à l'Est; la Yougo-Slavie, à l'Ouest; la Bulgarie et la Grèce. Le littoral de la Mer de Marmara qui commande le passage des Dardanelles et celui du Bosphore, appartient à la Turquie.

La **Roumanie** a pour capitale *Bucarest* (300 mille habitants).

La **Yougo-Slavie** a pour capitale *Belgrade* (80,000 habitants), sur le Danube.

La **Bulgarie** a pour capitale *Sofia* (100,000 habitants).

La **Grèce** a pour capitale *Athènes* (150,000 habitants). Ville principale: *Salonique* (140,000 habitants).

Constantinople (Turquie) est une grande ville d'un million d'habitants, qui commande l'entrée de la Mer Noire.

L'Espagne et le Portugal.

La péninsule ibérique, qui comprend l'*Espagne* et le *Portugal*, est un peu plus grande que la France, mais elle ne compte que 25 millions d'habitants.

L'Espagne est constituée en grande partie par un plateau central de 500 m. d'altitude, au climat rude, presque stérile, entouré d'une bordure de provinces maritimes belles et fertiles. Elle a été, au XVIe et au XVIIe siècle un pays riche et puissant; elle a traversé au XIXe siècle une période de décadence; elle répare ses forces; elle reconstitue ses capitaux; son agriculture, son industrie et son commerce se développent d'année en année.

L'Alhambra, à Grenade.

Elle a des richesses naturelles de tout premier ordre. Certaines de ses provinces ressemblent à des jardins (l'*Andalousie*, *Murcie*, *Valence*) et produisent du maïs en abondance, du raisin, des figues, des dattes, des oranges, etc. Les montagnes sont riches en carrières de granit et de marbre et en minerai de fer, de plomb et de cuivre. On y trouve aussi de l'or, de l'argent et du mercure.

Principales villes :

Madrid : 600,000 hab., capitale de l'Espagne;

Barcelone : 600,000 habitants, un des grands ports de la Méditerranée;

Valence : 240,000 habitants.

La place forte importante de Gibraltar, sur le détroit du même nom, appartient à l'Angleterre.

Le **Portugal** est un petit pays de montagnes et de vallées, resserré entre l'Espagne et la mer. Il est essentiellement agricole.

Villes principales :

Lisbonne, port sur l'estuaire du Tage, 360,000 habitants;

Porto, port sur l'Océan Atlantique, 180,000 habitants.

Le Portugal avait, autrefois, un immense empire colonial. Il n'en a conservé que des vestiges : l'Angola, sur la côte occidentale de l'Afrique; le Mozambique, sur la côte orientale. Il manque de ressources pour les mettre en valeur. C'est un pays qui subit docilement l'influence anglaise.

QUESTIONNAIRE. — *Qu'appelait-on autrefois Pays-Bas? Que savez-vous sur la Belgique? sur la Hollande? Qu'est-ce qui fait l'importance de ces deux pays? Que savez-vous sur la Pologne? sur la Suède? sur la Norvège? sur le Danemark? sur les Etats baltiques? sur les Etats de l'Europe centrale? sur les Etats des Balkans? sur l'Espagne? sur le Portugal?*

6e PARTIE — LA FRANCE DANS LE MONDE

CHAPITRE XXII

LA FRANCE EN AFRIQUE

I. — L'Afrique. — Notions générales.

L'Afrique à vol d'oiseau. — L'Afrique a une superficie de 30 millions de kilomètres carrés, trois fois l'Europe. Elle est traversée en son milieu par l'équateur.

C'est un continent soudé à l'Asie par l'isthme de Suez et entouré d'eau partout ailleurs; c'est donc une presqu'île; elle est baignée au N. par la Mer Méditerranée; à l'E. par la Mer Rouge et par l'Océan Indien; à l'O. par l'Océan Atlantique. Elle a la forme d'un plateau dont les talus tombent brusquement sur la mer, si bien qu'en allant de l'intérieur vers la mer, de quelque côté que l'on vienne, on trouve une descente rapide ou même une chute : tous les grands fleuves africains sont coupés de cataractes.

Orographie, hydrographie. — Un simple coup d'œil jeté sur la carte montre que l'Afrique est constituée essentiellement, au Sud de l'équateur par des terres élevées, au Nord, par un plateau d'une altitude de 200 à 500 mètres. Puis on distingue des massifs montagneux importants : au Nord, l'Atlas, qui couvre le Maroc, l'Algérie et la Tunisie; à l'Est, les Monts d'Abyssinie (4,620 mètres) et, sous l'équateur un énorme massif volcanique qui entoure le bassin des Grands Lacs Africains. Là s'élèvent les plus hautes cîmes de tout le continent africain (*Kilimandjaro*, 6,000 mètres).

Les deux plus grands fleuves de l'Afrique sortent des grands lacs : Le Nil (6,000 kilom.) sort du lac *Victoria* et va se jeter dans la Mer Méditerranée après avoir fécondé toute la plaine d'Egypte; il arrose *Le Caire* (700,000 hab.) et *Alexandrie* (400,000 hab.) en Egypte. Alexandrie est un des grands ports de la Mer Méditerranée. **Le Congo** (4,600 kilom.) sort du lac *Tanganyika* et va se jeter dans l'Océan Atlantique.

Il faut nommer encore le *Zambèze* (2,600 km.) qui se jette dans l'Océan Indien, et trois fleuves qui se jettent dans l'Océan Atlantique : le *Sénégal* (1,100 km.), le *Niger* (4,100 km.) et l'*Orange* (2,000 km.). On remarquera que le Congo et le Zambèze forment avec leurs affluents une grande voie de communication fluviale, presque ininterrompue, entre l'Océan Atlantique et l'Océan Indien, à travers l'Afrique équatoriale.

Climat. Population. — La plus grande partie de l'Afrique est située dans la zone tropicale : le climat y est très chaud; même l'Afrique du Nord et l'Afrique du Sud, qui se trouvent dans la zone tempérée, ont un climat sec et chaud.

L'Afrique est appelée parfois « le continent noir » pour indiquer que la partie principale de sa population, dans la zone tropicale, appartient à la race noire. C'était là le réservoir d'hommes d'où l'on tirait autrefois les esclaves que l'on expédiait en Amérique par cargaisons entières.

Productions. — L'Afrique achète des produits industriels et vend les produits de son sol. Elle vend les bois de ses immenses forêts; du caoutchouc; de l'huile (huile de palme) ; elle élève des troupeaux d'autruches, de buffles et de moutons; elle produit du coton, du cacao, du café, des fruits; elle fournit des matières précieuses : de l'ivoire, de l'or et des diamants. Elle achète surtout des tissus (cotonnades), des outils et des machines, des boissons alcooliques, des médicaments, des livres. On y va chasser l'éléphant, le lion, le tigre, le crocodile, les singes, petits et grands, les oiseaux au riche plumage. Les cours d'eau sont très poissonneux.

II. — Colonies européennes.

1° *Trois puissances se sont partagé l'Afrique:* la France, l'Angleterre et la Belgique; la France a pris la partie occidentale du continent entre la Mer Méditerranée et le Golfe de Guinée (v. la carte) ; l'Angleterre a pris toute la partie orientale avec le Sud; la Belgique, le bassin du Congo.

L'Angleterre avait rêvé d'établir sa domination en Afrique sur une moitié du continent, du Cap au Caire; mais l'Egypte a secoué le joug et s'est rendue à peu près indépendante; pourtant l'Angleterre conserve encore de ce côté le contrôle de la navigation sur le canal de Suez et sur la Mer Rouge. Elle a trois ports principaux qui lui permettent de pénétrer en Afrique : Suez (avec Port-Saïd), Zanzibar (avec Dar-es-Salam) et le Cap. Elle possède encore d'autres territoires dans l'Afrique Occidentale : la Nigeria, la Côte de l'Or, la Côte de Sierra Leone.

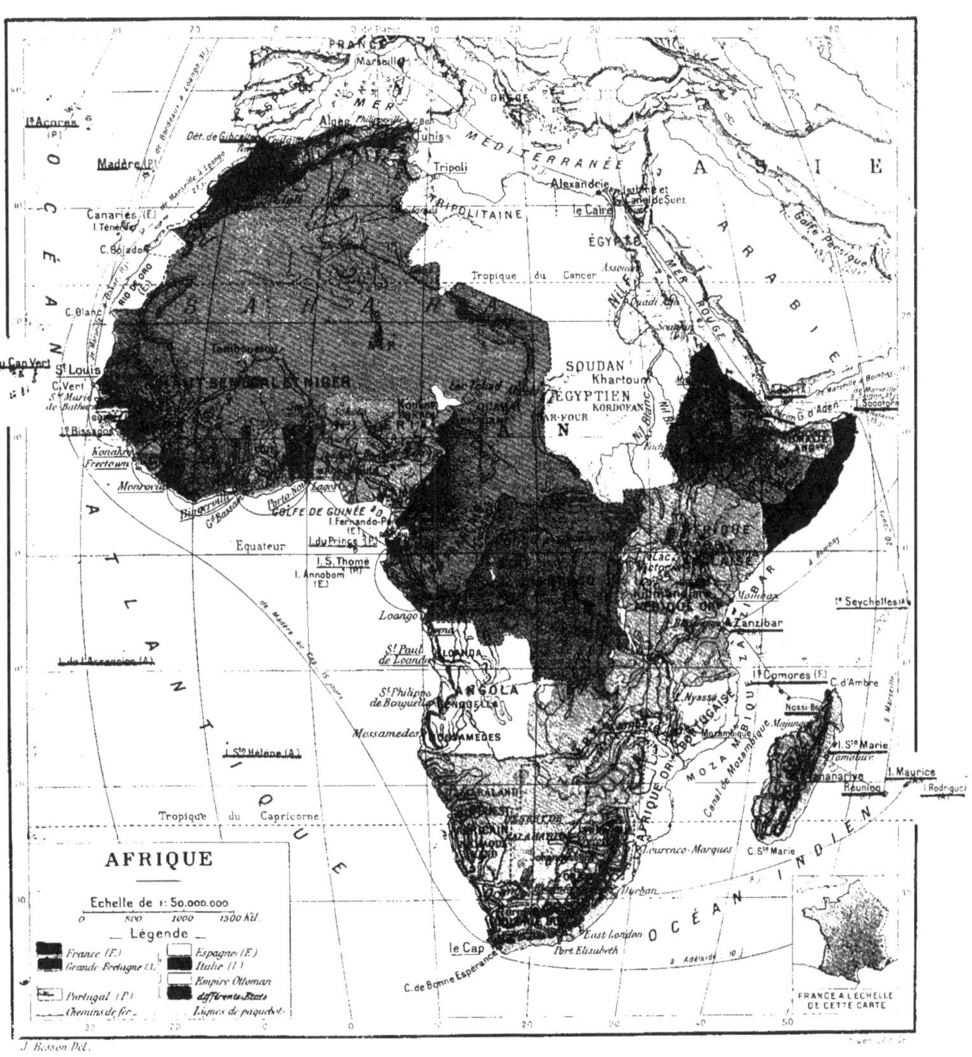

Le Congo Belge est un magnifique domaine colonial, grand 75 fois comme la Belgique (5 fois comme la France). Il est arrosé par le Congo, qui est, après l'Amazone, le plus grand fleuve du monde. C'est le pays de la grande forêt tropicale. Actuellement il donne en abondance des bois, du caoutchouc et de l'ivoire; quand il sera mis en culture, il donnera tous les produits des pays chauds. Malheureusement, la population indigène décroît rapidement.

2° **Colonies françaises en Afrique.** — Les colonies françaises, en Afrique, comprennent trois parties : une partie continentale; une partie insulaire; un petit territoire à l'entrée de la Mer Rouge.

a) *Partie continentale.* — Nous désignons sous ce nom la région comprise entre la Mer Méditerranée et le Golfe de Guinée. Il faut y

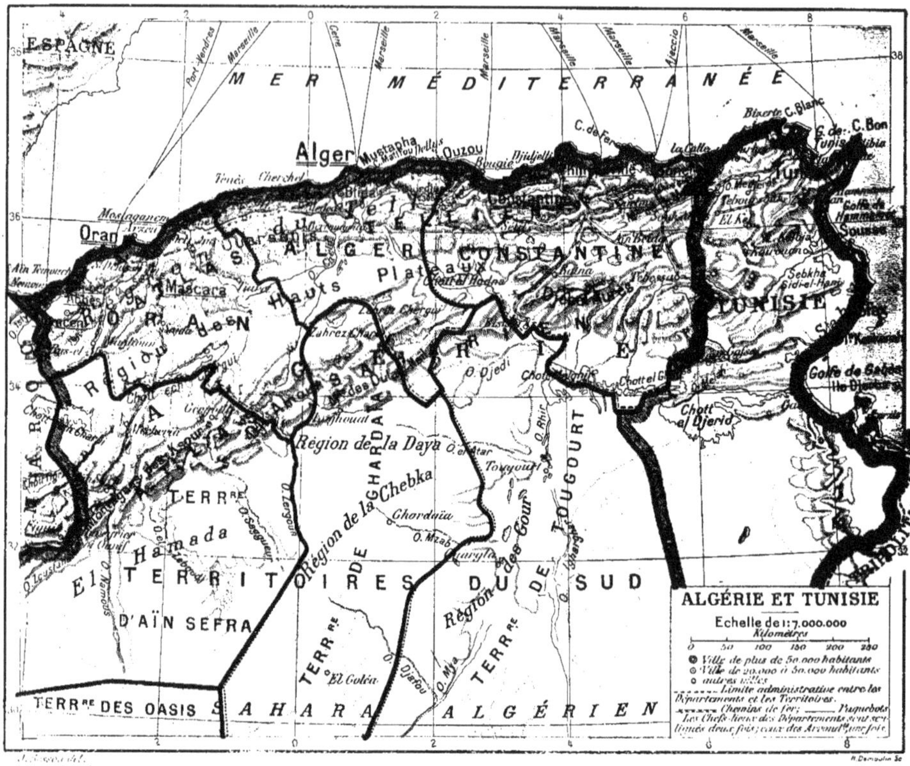

ALGÉRIE ET TUNISIE

Echelle de 1:7.000.000

distinguer : les pays méditerranéens, l'Afrique Occidentale et l'Afrique Equatoriale.

Alger. — Vue générale prise de l'Amirauté.

1° Les pays méditerranéens, c'est l'*Algérie* avec la *Tunisie* à l'Est et le *Maroc* à l'Ouest. — La France a pris pied en Algérie en 1830, il y aura bientôt cent ans. Elle a fait de ce pays, de progrès en progrès, une très belle colonie qui est le véritable prolongement de la France en Afrique. Les côtes ressemblent beaucoup aux côtes françaises du Languedoc et de la Provence. En allant vers le Sud on se heurte bientôt aux premières pentes de l'Atlas, puis on arrive sur de hauts plateaux, herbeux et désertiques et enfin on descend la pente qui s'abaisse sur le Sahara.

L'Algérie a 5 millions d'habitants : population de marins sur les côtes, d'agriculteurs, d'éleveurs et de nomades du côté de l'intérieur. La plupart appartiennent à la religion musulmane. La France respecte toujours la religion, les mœurs, les coutumes des pays où elle s'établit et gagne ainsi la confiance et l'affection des habitants.

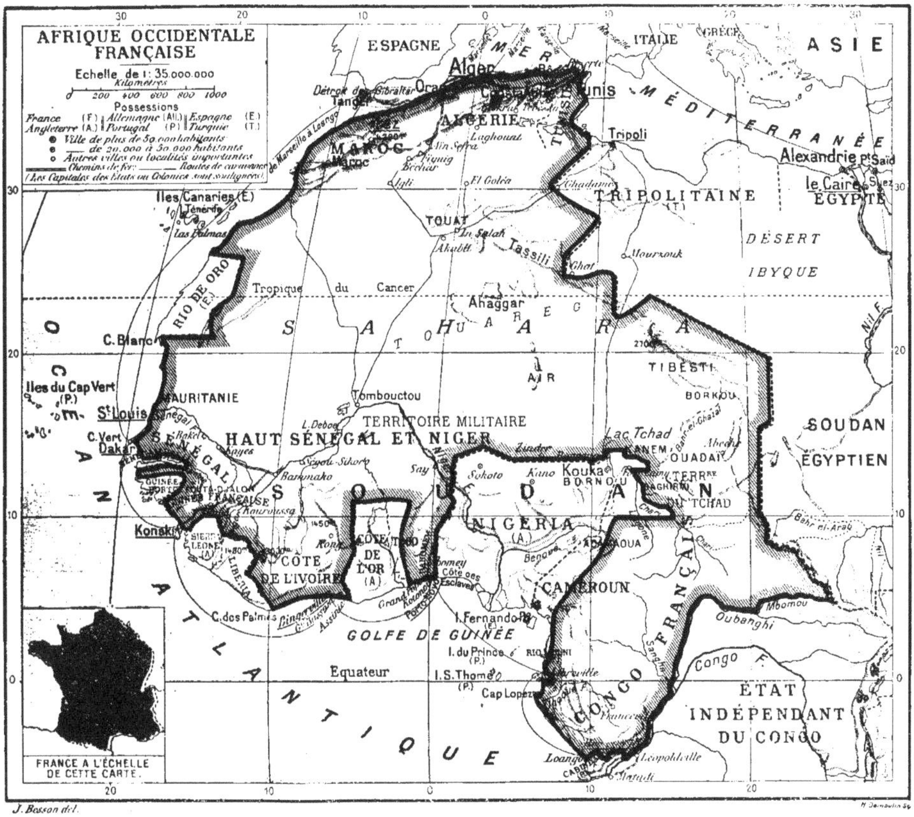

AFRIQUE OCCIDENTALE FRANÇAISE

Echelle de 1 : 35.000.000

J. Besson del.

L'Algérie est divisée en trois départements : Alger, Constantine et Oran, qui ont pour chefs-lieux les villes du même nom : Alger (200,000 hab.), capitale de l'Algérie, ville magnifique, port de commerce; Constantine (70,000 hab.), perchée sur un rocher dans une situation très pittoresque et Oran (130,000 hab.), port de commerce. Elle produit les céréales et la vigne. Elle est riche en oliviers et exporte beaucoup de fruits (raisin, oranges, figues, dattes). Sa grande voie commerciale, c'est la ligne de navigation de Marseille à Alger et inversement. On a établi une grande voie ferrée, partie à voie normale, partie à voie étroite, qui longe toute la côte depuis Tunis jusqu'à Casablanca. Des ramifications pénètrent à l'intérieur jusqu'aux confins du désert.

Cour intérieure de la Mosquée du Barbier.

Constantine. — Gorges du Rummel.

Villes principales :

Bône, Philippeville (*Constantine*) ;
Blida, Miliana (*Alger*) ;
Mascara, Mostaganem (*Oran*).

La Tunisie, prolongement de l'Algérie vers l'Est, a pour capitale Tunis (170,000 hab.). Villes principales : Sfax, port d'exportation des phosphates de Gafsa; Bizerte, port militaire; Kairouan, ville sainte des musulmans; Sousse, Gabès.

Le Maroc, qui s'étend entre l'Atlas et l'Océan Atlantique, possède des terres fertiles, propres à la culture des céréales; son sous-sol recèle de véritables richesses minérales, notamment des phosphates.

Outre les anciennes villes de *Fez*, *Marrakech* et *Meknès*, on y rencontre des cités de création récente : *Rabat*, chef-lieu administratif; *Casablanca*, port important.

La Tunisie et le Maroc sont des pays de protectorat.

2° L'Afrique Occidentale Française s'étend sur les bassins arrosés par le Sénégal et par le Niger. Un simple coup d'œil jeté sur la carte montre que le Sénégal et le Niger forment la route la plus directe pour arriver jusqu'au Soudan et pour transporter vers la côte, c'est-à-dire vers les ports français de St-Louis, de Dakar et de Konakry, les produits d'une immense région. Les fleuves côtiers de la Côte d'Ivoire et du Dahomey sont surnommés parfois « les fleuves d'huile » parce que le transport de l'huile de palme y est très actif. Cette huile sert à faire du savon dans les savonneries de Marseille;

3° L'Afrique Equatoriale Française s'étend du lac Tchad au fleuve du Congo et à l'Océan Atlantique. Grâce à cette colonie, la France reçoit directement les produits de l'Afrique Equatoriale : des bois précieux, du caoutchouc et de l'ivoire. Le commerce se fait par Libreville, sur la côte du Gabon;

Le Cameroun, ancienne colonie allemande, est rattachée à l'Afrique Equatoriale Française.

b) *Partie insulaire.* — La partie insulaire de nos colonies en Afrique comprend la grande île de Madagascar (plus grande que la France) et les groupes d'îles les plus voisins. L'île de Madagascar est située presque tout entière dans la zone tropicale; elle est séparée de l'Afrique par le canal de Mozambique, qui atteint encore 300 kilomètres dans sa moindre largeur. Sa configuration ressemble à celle de l'Afrique : c'est un plateau montagneux, entouré d'une mince bordure côtière très souvent marécageuse. Pour les Européens, le littoral est fiévreux; mais les

Oasis de Téboulbou (Gabès).

plateaux de l'intérieur ont un climat tempéré et salubre.

La population totale de l'île s'élève à 3 millions d'habitants. Elle se livre aux travaux agricoles. Elle exporte du riz, du bétail, des peaux, du caoutchouc, du raphia et de l'or. La capitale Tananarive est reliée par un chemin de fer au port de Tamatave, sur la côte orientale. Par le canal de Suez, Madagascar est à trois semaines de Marseille, île voisine, la Réunion.

La France possède à l'entrée de la Mer Rouge la baie de Tadjoura. Là se trouve le port de *Djibouti* qui sert de débouché à l'Abyssinie.

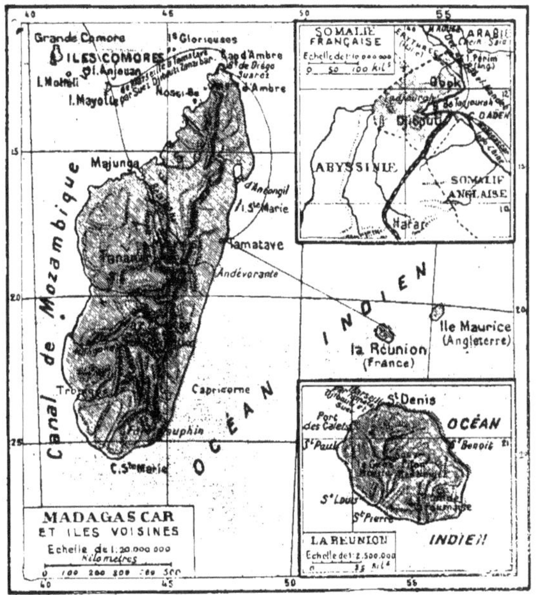

QUESTIONNAIRE. — *Quelles sont les caractéristiques de l'Afrique : forme, étendue, population? Citez les principales montagnes? Les principaux fleuves? Les productions? Quelles sont les colonies anglaises? belges? françaises? Que savez-vous sur l'Algérie? La Tunisie? Le Maroc? L'Afrique Occidentale Française? L'Afrique Equatoriale Française? Madagascar? Djibouti?*

CHAPITRE XXIII

LA FRANCE EN ASIE

I. — L'Asie. — Notions générales.

L'Asie à vol d'oiseau. — L'Asie a une superficie de 43 millions de kilomètres carrés. Elle est aussi étendue à elle seule que l'Europe et l'Afrique réunies. Elle s'étend depuis l'Equateur jusqu'au delà du Cercle polaire (8,500 kilom.) et depuis les rivages de la Mer Méditerranée jusqu'au détroit de Behring (10,000 kilom.), qui la sépare de l'Amérique. Elle est baignée au Nord, par l'Océan Glacial; au Sud, par l'Océan Indien; à l'Est, par l'Océan Pacifique.

Orographie et hydrographie. — En Asie, tout prend des proportions colossales : l'assise centrale du continent est formée par un énorme plateau, grand comme l'Europe tout entière; il s'élève de terrasse en terrasse jusqu'à 6,000 mètres (*plateau du Thibet*) et jusqu'à 8,000 mètres (*Pamir*). Ce plateau est bordé au Sud par une énorme élévation de terre qui forme les montagnes les plus hautes du monde, les monts Himalaya (*Gaourisankar* 8,840 mètres).

Tout autour de ce plateau s'étendent des régions distinctes qui ont chacune leur caractère propre : à l'Ouest, c'est le plateau de l'*Iran* (*Perse*), l'*Asie Mineure* et l'*Arabie;* au Sud, c'est l'*Inde*, l'*Indo-Chine;* à l'Est c'est la *Chine* proprement dite; de ce côté un dernier cercle de terres émergées dans l'Océan Pacifique forme un archipel très important sur une longueur de 3,000 km., c'est l'archipel du Japon; au Nord enfin, c'est l'immense plaine sibérienne qui s'étend jusqu'au delà du cercle polaire et qui se prolonge à travers toute l'Europe, le long des côtes de l'Océan, jusqu'aux Pyrénées.

L'Asie a de très grands fleuves, qui comptent parmi les plus grands fleuves du monde. Ce sont :

a) Les fleuves de la plaine sibérienne, très longs mais glacés pendant une bonne partie de l'année : l'Obi (5,200 kilom.), l'Iénisséi (5,200 kilom.), la Léna (4,600 kilom.), et l'Amour (4,500 kilom.) ;

b) Les grands fleuves chinois : au Nord, le Fleuve Jaune ou Hoang-Ho (4,200 kilom.), au Sud, le Fleuve Bleu ou Yang-tsé-Kiang (5,300 kilom.) ;

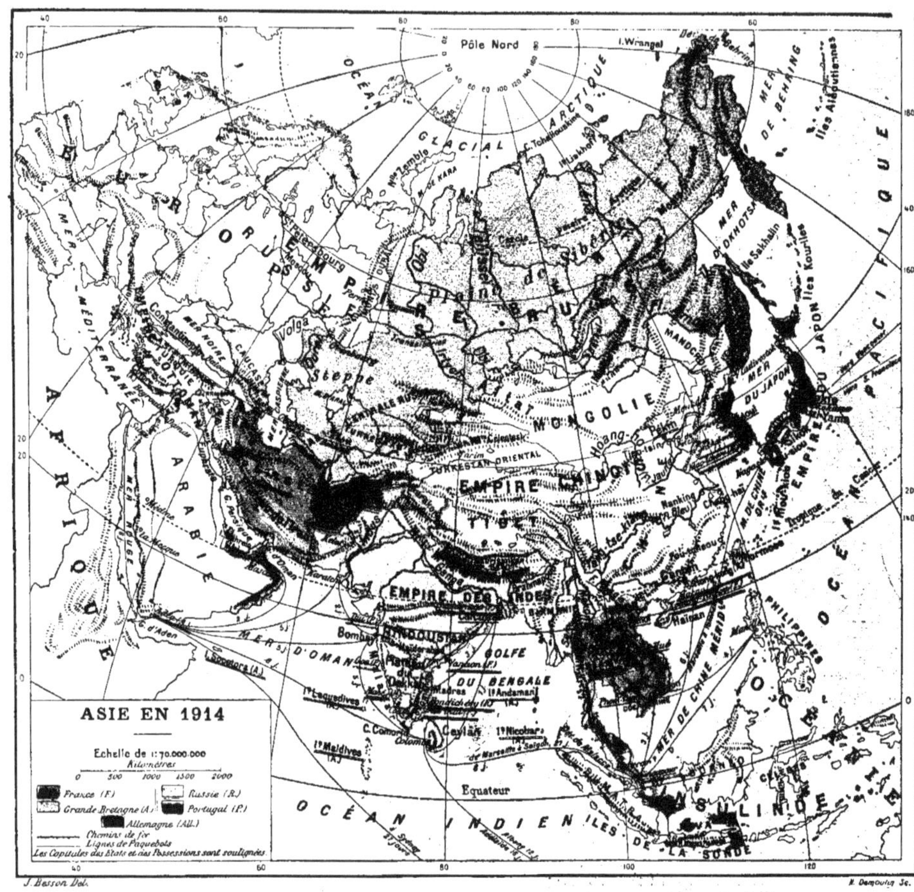

J. Besson Del. — E. Dumoulin Sc.

c) Les fleuves qui se déversent au Sud dans l'Océan Indien : d'abord le Tigre et l'Euphrate, *fleuves célèbres qui arrosaient autrefois Ninive et Babylone*, qui se sont creusé un vaste bassin entre l'Arabie, l'Asie Mineure et l'Iran; ils se réunissent et forment le Chatt el Arab qui se jette au fond du Golfe Persique; puis l'Indus, le Gange et le Brahmapoutre, fleuves très abondants qui portent à la mer les eaux de l'Himalaya; enfin, le Mékong, qui est le grand fleuve de l'Indo-Chine.

Climat. Population. — L'Asie connaît tous les climats, suivant les régions : la température tropicale au Sud, le froid « sibérien » au Nord, les pluies diluviennes et les déserts arides, le soleil éclatant des tropiques et les nuits polaires qui durent trois mois; les zones de végétation luxuriante, les steppes herbeuses et les toundras glacées. Nous distinguerons quatre régions : la région tropicale (Arabie, Inde, Indo-Chine) qui a toutes les productions des pays chauds : café, coton, canne à sucre, épices, etc.; la région des hauts plateaux, où la vie végétale est supprimée; la région des plateaux, où la température passe d'un extrême à l'autre et la région sibérienne qui n'a que deux saisons : un hiver de neuf mois et un été de trois mois.

On admet généralement que l'Asie a une population totale de plus de 830 millions d'habitants : c'est plus de 20 fois la population de la France ou plus de la moitié du genre humain. La plus grande partie appartient à la race jaune, c'est pourquoi l'Asie est appelée parfois le continent jaune (Chinois, Japonais, Coréens, Annamites, etc.) ; mais il ne faut pas oublier que l'Asie a été le berceau de la race blanche ou caucasique (race aryenne) et que les Indous, les Persans, les Arabes et les Juifs sont des Aryens. Il reste encore au nord de l'Asie, des populations anciennes, qui n'ont pas pu se développer dans ces pays glacés et qui sont en voie de disparition (Ostiaks, Samoèdes, Toungouses).

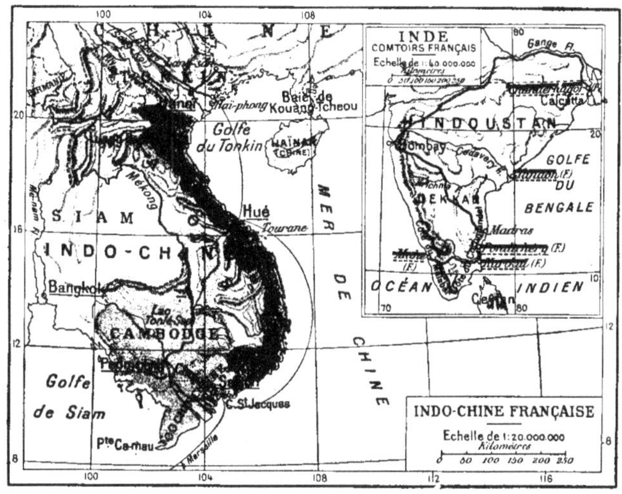

II. — Principaux Etats.

L'Asie comprend trois Etats fort importants :

La Chine, avec 400 millions d'habitants;

Le Japon, avec 70 millions d'habitants;

L'Inde, avec 300 millions d'habitants

La Chine. — La Chine est le principal Etat de l'Asie; c'était « l'Empire du Milieu », aujourd'hui c'est la République Chinoise.

Nous pouvons difficilement nous faire une idée d'une pareille fourmilière humaine et de sa puissance de production. Le Chinois, comme le Japonais, se nourrit de riz, de poisson et de viande de porc; il boit du thé. Il excelle dans les travaux patients et minutieux. Il vit de rien. Il occupera une place de plus en plus grande dans l'économie du monde. Déjà, il émigre dans tous les pays baignés par l'Océan Pacifique, et surtout aux Etats-Unis, où il fait une concurrence acharnée à l'ouvrier de race blanche. Et cette concurrence est d'autant plus redoutable que le Chinois retourne toujours dans son pays en emportant ses biens; il a le culte des ancêtres et sa religion ne lui permet pas de se faire enterrer en terre étrangère. On voit en Chine, l'un des travaux les plus étonnants qu'il y ait au monde : la Grande Muraille, longue de 3,000 km. et construite trois siècles avant J.-C. pour protéger le pays contre les invasions des barbares. La Chine produit en abondance du riz, du thé, de la soie et du papier.

La Chine a de très grandes villes : la capitale *Pékin* et son port *Tien-tsin* forment une agglomération de 2 millions d'habitants sur le golfe du Pétchi-li; *Han-kéou*, sur le Fleuve Bleu, grand port intérieur à 1,000 kilomètres de la mer, à la fois maritime et fluvial, un million d'habitants; puis, sur la côte, en allant du Sud au Nord, les ports de *Canton* (1 million d'hab.), *Foutchéou* (600 mille hab.), *Chan-Haï* (600 mille hab.) et *Nankin* (300 mille hab.). Ces villes montrent une belle et féconde activité; mais la plaie de tous ces pays d'Orient, c'est l'opium.

Le Japon. — La superficie du Japon est inférieure à celle de la France et pourtant sa population atteindra bientôt 60 millions d'habitants. C'est un archipel volcanique posé sur l'extrême bord du plateau asiatique et dominant un abîme marin de 8,000 mètres de profondeur. Aussi le sol est toujours mouvant. Les tremblements de terre y sont quotidiens; ils atteignent souvent une grande amplitude et provoquent des catastrophes terribles.

Les Japonais ont conservé l'esprit d'autrefois, qui les attache profondément à leur pays et en même temps ils se sont équipés à l'européenne. Leur puissance grandit à vue d'œil. Actifs, industrieux, intrépides, ils sont déjà les maîtres de l'Extrême-Orient. Toutes les ambitions leur semblent permises et ils aspirent à dominer l'Asie.

Principales villes : la capitale *Tokio*, avec son port *Yokohama* (3 millions d'hab.) et *Osaka* (1 million et demi d'hab.).

L'Inde. — Ce pays tire son nom du fleuve Indus, qui était à la limite du monde connu des Anciens. C'est une vaste presqu'île, sept fois grande comme la France, mais peuplée de 300 millions d'habitants. Elle présente le même aspect général que l'Italie : au Nord, un puissant massif montagneux : l'Himalaya; au pied des montagnes, un grand bassin fluvial : le bassin du Gange, peuplé à lui seul de 100 millions d'habitants; puis une péninsule montagneuse : le Dakkan et au Sud une île : Ceylan

Pendant longtemps l'Inde a passé pour un pays d'une richesse fabuleuse : c'était la terre des nababs. Dans les régions bien arrosées, sous le ciel des tropiques l'Inde ne connaît que deux saisons : la saison pluvieuse et la saison sèche et nulle part la végétation n'est aussi luxuriante et aussi variée : jungle épaisse et fourrés inextricables où rôde le tigre, où glissent les serpents les plus dangereux; forêts épaisses habitées par des hordes d'éléphants et des peuplades de singes; massifs énormes de bambous dont les sommets se balancent à trente mètres de hauteur; lianes souples jetées comme des ponts légers entre des arbres énormes, des oiseaux et des papillons aux mille couleurs, des parfums capiteux : tel est le paysage hindou dans toute sa beauté.

L'Inde appartient à l'Angleterre; elle est la perle de l'empire colonial anglais. Elle envoie sur les marchés européens des céréales (blé, riz), du café, du sucre, du coton, du cacao et des épices.

Villes principales : Calcutta, dans le delta du Gange, capitale de l'Empire des Indes (1 million et demi d'habitants) ; *Bénarès,* ville sainte, sur le Gange; les grands ports de *Bombay* (1 million d'hab.) sur la côte occidentale et de *Madras* (600 mille hab.) sur la côte orientale.

III. — Colonies françaises en Asie.

La France possède en Asie : l'Indo-Chine, les Comptoirs de l'Inde, la Syrie.

L'Indo-Chine. — L'Indo-Chine est une péninsule resserrée entre l'Inde et la Chine. Elle a une superficie de 2 millions de kilomètres carrés

Pont du chemin de fer sur le fleuve rouge, Hanoï.

et une population totale de 40 millions d'habitants. L'influence anglaise et l'influence française s'y font sentir également : la première à l'Ouest sur le Golfe du Bengale, tout le long de la presqu'île de Malacca, jusqu'à Singapour, sur le détroit de Malacca; la seconde à l'Est, sur la Mer de Chine.

Les possessions françaises comprennent : des colonies (*Cochinchine, Tonkin*) et des pays de protectorat (*Annam, Cambodge, Laos*). Le représentant de la France réside à *Hanoï* (100.000 hab.), chef-lieu du Tonkin. Autres villes : *Saïgon* chef-lieu de la Cochinchine; *Pnom-Penh,* chef-lieu du Cambodge et *Hué,* chef-lieu de l'Annam.

Le commerce de l'Indo-Chine porte sur les articles suivants : le riz, le poisson, le poivre, le caoutchouc et le coton.

Les Comptoirs de l'Inde. — Il nous reste cinq villes qui sont les derniers vestiges des possessions que Dupleix nous avait données, dans l'Inde au XVIIIe siècle : *Chandernagor, Yanaon, Pondichéry, Karikal* et *Mahé.*

La grande route commerciale de l'Asie est la voie de navigation qui va en Orient et en Extrême-Orient par Port-Saïd et Suez, Bombay, Colombo (dans l'île de Ceylan), Singapour, Saïgon, Canton, Chang-Haï et Yokohama. — Mais l'Asie a deux voies ferrées de très grande importance : L'une est le *Transsibérien,* long de 8,000 km., depuis la Mer Baltique jusqu'à la Mer du Japon. Il permet d'aller en trois semaines de Pétrograd à Pékin ou à Tokio. L'autre ligne est le *Transcaspien* qui rattache à l'Europe l'Asie centrale russe.

Syrie. — Depuis la guerre, la France exerce aussi une sorte de protectorat sur la Syrie, chef-lieu *Beyrouth.*

QUESTIONNAIRE. — *Quelles sont les caractéristiques de l'Asie : étendue, forme, population? Principales montagnes? Principaux fleuves? Productions? Que savez-vous sur la Chine? Pourquoi l'ouvrier chinois est-il un concurrent redoutable? Que savez-vous sur le Japon? Sur l'Inde? Dites ce que vous savez sur l'Indo-Chine. Principales divisions? Quels sont nos comptoirs de l'Inde? Où se trouve la Syrie?*

CHAPITRE XXIV

LA FRANCE EN AMERIQUE

I. — L'Amérique. — Notions générales.

1° L'Amérique à vol d'oiseau. — L'Amérique forme un vaste continent qui s'étend du Nord au Sud, dans la direction des pôles, sur une longueur de 8,000 kilomètres et qui a une surface totale (sans les terres arctiques) de 40 millions de kilomètres carrés, quatre fois l'Europe.

Elle est baignée par les quatre océans; par l'Océan Atlantique à l'E., par l'Océan Pacifique à l'O., par l'Océan Glacial au N. et par l'Océan Glacial au S. On distingue l'Amérique du N. et l'Amérique du S. Les deux Amériques sont reliées par une bande de terre de 56 km. de largeur que l'on appelle l'isthme de Panama.

2° Orographie et hydrographie. — Sur la côte du Pacifique, l'Amérique est bordée de terres très élevées : ce sont les *Montagnes Rocheuses*

AMÉRIQUE
Echelle de 1: 70.000.000
Kilomètres
0 500 1000 1500 2000 2500 3000
Ville de plus de 500.000 habitants
——— de 100.000 ———
autres villes importantes
Chemins de fer
OCÉAN GLACIAL ARCTIQUE
ASIE
EUROPE
MER DE BEHRING
Détroit de Behring
Iles Aléoutiennes
Presq. d'Alaska
TERRES POLAIRES
GROENLAND
Baie de Baffin
Détroit de Davis
Cap Farewel
Islande
Baie d'Hudson
LABRADOR
DOMINION DU CANADA
CANADA
Terre-Neuve
Écosse
I. Vancouver
Victoria
Lac Winnipeg
Winnipeg
Ottawa
Montréal
Toronto
Boston
New-York
Philadelphie
Washington
Chicago
Cincinnati
S. Louis
Baltimore
San Francisco
Plaines du Mississipi
Nouvelle-Orléans
GOLFE DU MEXIQUE
Tropique du Cancer
la Havane
Haïti
Porto-Rico
GRANDES ANTILLES
Jamaïque (A.)
Guadeloupe (F.)
Petites Antilles
Martinique (F.)
MER DES ANTILLES
AMÉRIQUE CENTRALE
PANAMA
Golfe de Panama
Caracas
Trinité
VENEZUELA
Georgetown
Paramaribo
Cayenne
Bogota
COLOMBIE
Equateur
Quito
Chimborazo
G. de Guayaquil
Plaine de l'Amazone
C. S. Roque
BRÉSIL
Bahia
Lima
Callao
BOLIVIE
Tropique du Capricorne
Rio de Janeiro
São Paulo
Aconcagua
Valparaiso
Santiago
Buenos Ayres
ARGENTINE
Montevideo
Pampas
I. Chiloé
PATAGONIE
Détroit de Magellan
Iles Falkland (A.)
Terre de Feu
Cap Horn
OCÉAN PACIFIQUE
OCÉAN ATLANTIQUE
J. Besson del.

dans l'Amérique du Nord et la *Cordillère des Andes* dans l'Amérique du Sud (5 et 6,000 mètres) ; c'est une immense chaîne volcanique qui entoure le Pacifique d'un demi-cercle de feux à l'Est, de même que les volcans du Japon et de l'Océanie à l'Ouest.

Sur la côte de l'Atlantique, se trouvent des masses montagneuses très développées, mais peu élevées. Entre les montagnes de l'Est et celles de l'Ouest s'étalent d'immenses pays plats, parcourus par les plus grands et les plus puissants fleuves du monde : c'est là le trait géographique le plus intéressant du continent américain.

Ces fleuves sont dans l'Amérique du Nord : le St-Laurent, qui n'a qu'une longueur médiocre (1,300 km.) mais qui roule une énorme masse d'eau parce qu'il sert de déversoir aux Grands Lacs Canadiens; ces Grands Lacs (lac Supérieur, lac Michigan, lac Huron, lac Erié et lac Ontario couvrent une étendue de 250,000 km. carrés (la moitié de la France) ; les eaux du lac Erié en passant dans le lac Ontario forment la magnifique cataracte du Niagara. Le Mississipi, doublé par le Missouri a 7,000 km. de longueur et se jette dans le Golfe du Mexique. L'Amérique du Sud a l'Amazone (5,500 km.) et le Rio de la Plata. L'Amazone est le roi des fleuves; aucun autre n'approche de son volume d'eau; le Rio de la Plata sert d'estuaire à trois grands cours d'eau : l'Uruguay, le Parana et le Paraguay.

3° **Climat. Population.** — La population de l'Amérique atteindra bientôt 200 millions d'habitants, dont 140 pour l'Amérique du Nord et 60 pour l'Amérique du Sud.

Les anciennes populations d'Amérique, les Peaux-Rouges sont en voie de disparition. Elles cèdent la place aux peuples de race blanche : Anglais, Irlandais, Allemands, Espagnols, Portugais, Italiens, Français, qui se sont installés dans le pays; pourtant, sur les côtes du Pacifique, les peuples de race jaune, Chinois et Japonais, se montrent singulièrement envahissants et d'un voisinage incommode. Les nègres se sont, eux aussi, multipliés dans tous les Etats du centre; ils descendent des esclaves que l'on est allé chercher autrefois en Afrique.

II. — Principaux Etats.

Nous mentionnerons, dans l'Amérique du Nord, le Canada et les Etats-Unis et, dans l'Amérique du Sud, le Brésil, la République Argentine et le Chili.

Le Canada. — Ce pays est un « Dominion », comme l'Union Sud-Africaine, comme l'Australie et comme la Nouvelle-Zélande, c'est-à-dire que c'est un Etat indépendant sous la suzeraineté du roi d'Angleterre. Le Canada est grand comme l'Europe, mais il n'a que 7 millions d'habitants dont le tiers est de pure race française.

Ce sont les descendants de ces vaillants colons que le gouvernement de Louis XV a abandonnés au XVIII° siècle. Le pays est froid; il a des étés très courts; pourtant il produit, au Sud, des céréales en abondance; dans les autres régions il a des bois, des pêcheries et des animaux à fourrure. Il a deux grandes villes : *Montréal* sur le St-Laurent, dont le nom (Mont-Réal, *Mont-Royal*) révèle l'origine française (500 mille h.) et *Toronto* (400 mille h.) sur le lac Ontario.

Les Etats-Unis. — Comme le Dominion du Canada, les Etats-Unis sont aussi grands que l'Europe. Ils ont 100 millions d'habitants et pourtant ils ont de vastes espaces vides et déserts : s'ils étaient aussi peuplés que la France ils auraient 600 millions d'habitants. L'épanouissement des Etats-Unis est un phénomène merveilleux, unique dans l'histoire du monde : pendant une période de cent ans (1820-1920) ils sont arrivés à se placer à la tête de toutes les autres nations.

Les « *Yankees* » sont un peuple jeune et fier que rien ne gêne dans son développement, ni le fardeau du passé, ni le souci de l'avenir; on a dit que les villes naissent et croissent aux Etats-Unis comme les champignons. Il faut retenir : 1° que les Etats-Unis sont le plus grand marché du monde pour les céréales (Chicago, 2 millions d'h.) ; 2° id. pour la production de la viande et des conserves (Chicago) ; 3° id. pour la production de la houille; 4° id. pour la production du pétrole; 5° id. pour la production du fer et de l'acier (Pittsbourg) ; 6° id. pour la production de l'argent; 7° id. pour la production du coton. Ils ont fourni la preuve de leur puissance économique et militaire au cours de la grande guerre.

Principales villes : **New-York,** 5 millions d'habitants, la plus grande ville du monde après Londres; elle s'étend sur 40 kilomètres de distance le long de la rive gauche du fleuve Hudson; *Chicago,* 3 millions d'habitants, la reine des lacs, sur le lac Michigan; *Philadelphie,* 2 millions d'habitants; *San Francisco,* 500 mille habitants, grand port sur l'Océan Pacifique; *La Nouvelle-Orléans,* 400 mille habitants, sur le delta du Mississipi.

Les Etats-Unis possèdent à l'extrême N.-O. du continent le Territoire d'Alaska, riche en mines d'or. La grande île de Cuba, qui forme une république indépendante, est en réalité sous leur protectorat et ils se sont assuré le contrôle du canal de Panama.

Le Brésil. — Les Etats-Unis du Brésil, dans l'Amérique du Sud, font pendant aux Etats-Unis de l'Amérique du Nord. Ils atteignent presque la même superficie (8 millions 1/2 de kilomètres carrés), mais ils n'ont que 22 millions d'habitants. C'est que tout l'intérieur du pays, la grande forêt vierge de l'Amazone, est encore sauvage et peu connu. La population s'est rassemblée sur les côtes et surtout dans les ports, qui sont très actifs : à *Rio-de-Janeiro* (un million d'hab.), à *St-Paul* (500 mille hab.).

Le Brésil est le plus grand producteur de café qui soit au monde. Il a de plus des forêts d'une grande valeur, d'immenses troupeaux dont il exporte la viande et la peau, du caoutchouc. Mais les usines, l'outillage et les ouvriers lui font défaut.

La République Argentine. — La République Argentine n'a que 7 millions d'habitants. C'est surtout un pays d'élevage. La capitale est *Buenos-Ayres* (1 million et demi d'hab.), ville magnifique sur le Rio de la Plata, tête de ligne de 'lunique chemin de fer qui traverse l'Amérique du Sud, d'un océan à l'autre (de Buenos-Ayres à Valparaiso, par le Pas de la Cumbre à 3,800 mètres d'altitude).

Le Chili. — Le Chili occupe toute la bande côtière de l'Amérique du Sud, entre les Andes et l'Océan Pacifique, sur une longueur de 3,000 kilomètres. C'est un pays de mines. Il a de riches dépôts de nitrates. La capitale est *Santiago* (400 mille habitants).

III. — Colonies françaises en Amérique.

La France possède en Amérique : 1° Les îles St-Pierre et Miquelon, à l'embouchure du Saint-Laurent; 2° quelques îles dans les Antilles; 3° la Guyane française.

1° *St-Pierre et Miquelon.* — Ce sont deux îlots perdus sur le passage des icebergs, près de la grande île de Terre-Neuve, mais la pêche de la morue y est profitable. C'est là que se rendent nos vaillants « Terre-Neuvas » de Dunkerque, de St-Malo ou de Bayonne.

2° *Les Antilles françaises.* — Les principales sont : la Guadeloupe et la Martinique, terres volcaniques sous un ciel brûlant. Elles produisent la canne à sucre et le rhum, le cacao, le café et le tabac. Elles ont acquis une certaine importance au point de vue commercial depuis le percement de l'isthme de Panama.

3° *La Guyane française.* — La France possède dans l'Amérique du Sud, sous l'Equateur, une terre très riche par ses productions minérales ou végétales. Mais le pays n'est pas mis en valeur. On en a fait une colonie pénitentaire dont la ville principale est *Cayenne* (15,000 hab.).

On vient de décider qu'on n'enverrait plus désormais de forçats à la Guyane (septembre 1924).

QUESTIONNAIRE. — *Comparez l'étendue de l'Amérique à celle de l'Europe. Quelles sont les principales chaînes de montagnes de l'Amérique? les principaux fleuves? Quelle est sa population? Que savez-vous sur le Canada? les Etats-Unis? Pourquoi les Etats-Unis sont-ils une des grandes puissances mondiales? Que savez-vous du Brésil? La République Argentine? Le Chili? Quelles sont les colonies françaises en Amérique? Que savez-vous sur chacune d'elles?*

Cayenne.

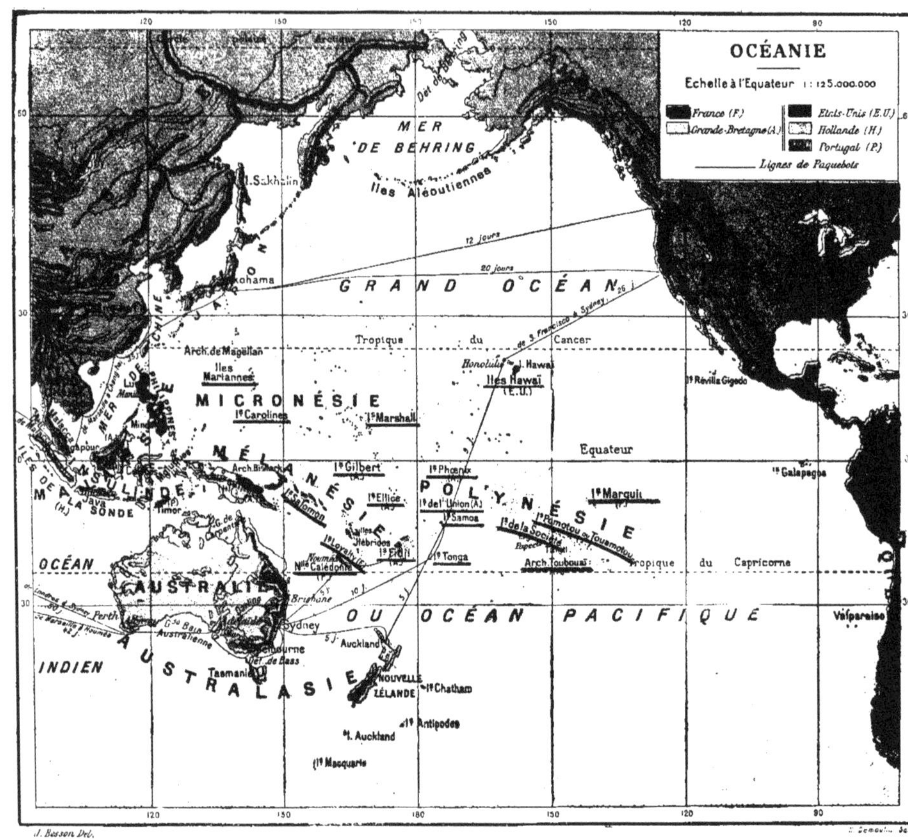

J. Besson Del.

CHAPITRE XXV

LA FRANCE EN OCEANIE

I. — L'Océanie. — Notions générales.

L'Océanie à vol d'oiseau. — On désigne, sous le nom d'Océanie, la plupart des terres situées dans l'Océan Pacifique. L'Océan Pacifique est le plus grand des océans; il s'étend d'un pôle à l'autre et entre l'Asie et l'Amérique. Il couvre une superficie de 175 millions de kilomètres carrés, autant que l'Océan Atlantique et l'Océan Indien réunis. Il atteint des profondeurs de près de 10 mille mètres.

Nous diviserons l'Océanie en deux parties : 1° l'Insulinde qui se rattache à l'Asie; 2° les Terres du Pacifique.

L'Insulinde. — L'Insulinde forme en quelque sorte un dernier plateau circulaire au Sud de l'Asie comme le Japon au Nord-Est; comme le plateau japonais, il est déchiqueté par les éruptions volcaniques; on trouve dans cette région l'un des volcans les plus formidables du globe, celui de l'île Krakatau.

Les îles de l'Insulinde appartiennent à la Hollande ou aux Etats-Unis.

Possessions hollandaises. — La Hollande possède l'archipel de la Sonde (*Sumatra, Java, etc.*) et en plus la plus grande partie de Bornéo, Célèbes et les Moluques, la moitié de la Nouvelle-Guinée. C'est un très beau do-

Tahiti. — Papeete.

maine colonial de 2 millions de km. carrés (quatre fois la France) et de 40 millions d'h. (autant que la France). Il est d'une fertilité merveilleuse : il produit du café, de la canne à sucre, des épices; il a de l'étain, du pétrole et de la houille. Ville principale *Batavia*, 150 mille habitants.

Possessions des Etats-Unis. — Les Etats-Unis possèdent l'archipel des Philippines, qui est lui aussi très fertile et très riche. Ville principale *Manille* (250 mille h.).

Terres du Pacifique. — Les Terres du Pacifique forment un monde très différent du nôtre. Certains croient y voir les débris d'un continent très ancien qui se serait effondré sous les eaux. On y trouve encore des anthropophages. Les animaux les plus répandus appartiennent au groupe des marsupiaux (animaux à poche) ; exemple le kangourou. A côté des terres existantes il y a d'autres terres en voie de formation : ce sont les terres mâdréporiques que des animaux microscopiques, semblables au corail, construisent au sein de l'Océan.

Nous distinguerons dans les Terres du Pacifique : 1° l'**Australie** avec les grandes îles qui l'entourent (*Tasmanie, Nouvelle-Zélande, Nouvelle-Guinée*) ; 2° les archipels dispersés.

L'Australie et les grandes îles. — L'Australie, si l'on considère son étendue (7 millions 700 mille km. carrés) est un véritable continent, un peu moins grand que l'Europe, 15 fois grand comme la France; mais sa population, 2 millions d'h., ne dépasse pas celle d'une de nos provinces, de la Bretagne par exemple. Ce pays manque d'eau; à l'intérieur, il a d'immenses plaines désertiques. Toute l'activité humaine s'est portée vers les côtes et surtout dans l'Est qui est un peu arrosé. Les grandes villes sont les ports de Sydney à l'Est (600 mille h.) et de Melbourne au S-E. (600 mille h.). L'Australie a des mines d'or. Elle fait un grand commerce de viande et de laine.

L'Australie est une colonie anglaise; elle forme aujourd'hui un Dominion sous la suzeraineté du roi d'Angleterre.

La *Tasmanie* a des mines très riches d'où l'on extrait l'or et l'étain.

La *Nouvelle-Zélande* est un Dominion comme l'Australie. C'est un pays magnifique avec des paysages enchanteurs. Il donne des moutons, de l'or, de la houille.

La *Nouvelle-Guinée*, la plus grande île du monde (800 mille km. carrés) appartient moitié à la Hollande et moitié à l'Angleterre. C'est un pays de grandes ressources mais qui n'est pas mis en valeur.

Archipels dispersés. — Les petites îles dispersées à travers l'Océan Pacifique se comptent par milliers. Elles présentent toutes des aspects curieux et intéressants; on les groupe en deux tableaux : la Micronésie au N. et la Polynésie au S. Elles présentent toutes au point de vue de la géographie humaine les mêmes caractères; ce sont le plus souvent des îles volcaniques. La population indigène disparaît; elle est remplacée par des Blancs ou par des Jaunes. Elles ont des richesses minérales ou végétales de premier ordre. Elles servent d'étapes, pour la navigation entre l'Asie et l'Amérique; le point le plus important est *Honolulu*, dans les îles Hawaï ou *Sandwich*, au carrefour de toutes les routes maritimes à travers le Pacifique.

Colonies françaises en Océanie.

La France, comme toutes les autres grandes puissances du monde, devait marquer sa place dans la lointaine Océanie. Elle y possède quelques groupes d'îles :

1° L'archipel de la Nouvelle Calédonie (chef-lieu Nouméa) ;
2° L'archipel de la Société;
3° L'archipel de Tahiti;
4° L'archipel des Touamotou;
5° L'archipel des Marquises;
et enfin, l'île Clipperton, au large de l'Amérique Centrale, qui a pris une certaine valeur depuis l'ouverture du canal de Panama.

QUESTIONNAIRE. — *Que savez-vous sur l'Océanie? Comment la divise-t-on? Que savez-vous sur l'Insulinde? Quelles sont les puissances qui ont des colonies dans l'Insulinde? Quelles sont les terres du Pacifique? Dites ce que vous savez sur l'Australie? la Tasmanie? la Nouvelle-Zélande? la Nouvelle-Guinée? A qui appartiennent-elles? Quelles sont les colonies françaises de l'Océanie?*

TABLE DES MATIÈRES

1re Partie. — Notions générales.

2e Partie. — La France physique.

3e Partie. — Les régions de la France.

4e Partie. — La France politique et économique.

5e Partie. — La France en Europe.

6e Partie. — La France dans le Monde.

www.ingramcontent.com/pod-product-compliance
Ingram Content Group UK Ltd.
Pitfield, Milton Keynes, MK11 3LW, UK
UKHW021122260726
13994UKWH00002B/967